¿Y si cambio yo?

¿Y si cambio yo?

"Coaching como herramienta de cambio"

ANTONELLA CARBINI

Número de Control de la Biblioteca del Congreso de EE. UU.:   2015919716
ISBN: Tapa Dura   978-1-5065-0991-4
                   Tapa Blanda   978-1-5065-0992-1
                   Libro Electrónico   978-1-5065-0993-8

Para realizar pedidos de este libro, contacte con:
Palibrio
1663 Liberty Drive
Suite 200
Bloomington, IN 47403
Gratis desde EE. UU. al 877.407.5847
Gratis desde México al 01.800.288.2243
Gratis desde España al 900.866.949
Desde otro país al +1.812.671.9757
Fax: 01.812.355.1576
ventas@palibrio.com
727009

Índice

Después de un arduo trabajo para lograr escribir este libro, no quiero dejar de agradecer a ciertas personas que transitaron y me acompañaron durante todo este proceso.

Para empezar quiero agradecer a Paula Venturin, quien cooperó y ayudó en la Edición y Corrección de este libro.

A German, quien más me apoyó, acompaño y ayudo en todo este sueño que hoy se hace realidad. Quien siempre me alienta a seguir dando más.

A mis amigas y mi familia que confían y creen más en mí, que incluso yo misma. Gracias por soportar todo este tiempo que estuve metida en una computadora escribiendo este libro, leyendo y estudiando.

Agradezco a la Academia de Coaching y Capacitación Americana (ACCA), y a Fundación Empowerment por incorporar el coaching a mi vida; y enseñarme que podemos lograr todo lo que nos propongamos si hacemos las cosas con convicción y pasión.

El águila es el ave con mayor longevidad en su especie: llega a vivir 70 años. Sin embargo, en la mitad de su vida, se ve obligada a tomar una difícil decisión que le permitirá, o no, continuar en vuelo.

A los 40 años de edad, las uñas curvas y flexibles del águila no resultan ya útiles para atrapar las presas con las que se alimenta. Su pico alargado y puntiagudo comienza a curvarse, apuntando contra su pecho peligrosamente, y sus alas, envejecidas y pesadas por las gruesas plumas, hacen que volar resulte una tarea muy complicada.

Ante los obstáculos que la naturaleza le impone para continuar con la supervivencia, el águila tiene que tomar una decisión y cuenta sólo con dos alternativas: aceptar su realidad y así dejarse morir, o enfrentar un doloroso proceso de renovación que podría durar más de 150 días.

El proceso de renovación consiste en volar hacia lo alto de una montaña y buscar refugio en algún nido próximo a una pared, donde no sea necesario volar por un tiempo. Una vez a refugiada, el águila comienza a golpear su pico contra la pared hasta arrancarlo. Amputado el pico, no debe más que esperar a que nazca uno nuevo con el cual, luego, tendrá que arrancar sus viejas uñas.

Cuando las nuevas uñas del águila comienzan a nacer, llega el momento para desprenderse de sus viejas plumas, las cuales desprende de su cuerpo con su nuevo pico. Después de cinco meses muy duros, el águila sale victorioso, ejecutando su famoso vuelo de renovación, y desde entonces le suma 30 años a su vida.

Los humanos vivimos situaciones similares. Hay momentos en los cuales descubrimos que estamos viviendo una experiencia desagradable, sentimos que perdemos la fuerza o nos encontramos sumamente desmotivados. Ante estas situaciones podemos elegir renovarnos como águilas, o morir. Tras no optar por la renovación, no vas a morir literalmente, pero el resultado va a ser casi lo mismo: sentirte muerto en vida.

Para lograr este cambio tal vez necesites ayuda, quizás te cueste identificar ese pico o plumas de las cuales debes desprenderte y puedes requerir el acompañamiento de un coach, para alcanzar esta transformación con éxito.

INTRODUCCION

¿Y si cambio yo? nació en Miami mientras realizaba un curso en la *Academia de Coaching y Capacitación Americana*. Sobre el final de la cursada, me regalaron la oportunidad de compartir con el mundo mi experiencia y brindarle, a través de un libro, todas las herramientas y teorías que me fueron modificando hasta cambiar mi vida.

En muy resumidas cuentas, considero que lo más importante del coaching es esa posibilidad real que nos permite hallar esa fórmula tan deseada de felicidad que todos buscamos. Cambiar nuestros enojos, encontrarnos con nuestra esencia y descubrir nuestro camino hacia el éxito, son algunas de las cosas que vas a poder leer a lo largo de este libro.

Tal vez hayas escuchado o leído el termino *coaching* más de una vez. Por lo general, se lo relaciona con el deporte, pero la realidad es que esta disciplina busca ser mucho más que un "entrenador" para quien lo practica. Resulta clave también aclarar que de ninguna manera se trata de una terapia abordada por un psicólogo o un profesional semejante, como suele confundírselo a menudo. El coaching es otra cosa. El coaching es un estilo de vida.

Antes de entrar en tema, vale la pena aclarar en qué consiste el rol del coach. Se trata de una persona capaz de ofrecerte las herramientas necesarias para que tu vida se convierta en el mayor de tus sueños, brindándote acompañamiento, apoyo y convicción para emprender los cambios que estás necesitando.

Durante toda mi vida intenté influir a las personas con el afán de conseguir el comportamiento que yo consideraba más adecuado ante situaciones determinadas. Así, durante mucho tiempo, lo único que conseguí fue generar roces y molestias, e incluso enojos, sin siquiera acercarme al cambio que yo esperaba por parte de ellos. Sin dudas, algo tenía que cambiar.

Decidí entonces embarcarme en este nuevo mundo. De a poco y con mucho trabajo, del coaching aprendí que no debía cambiar a la gente; quien tenía que realizar un cambio era yo. Comprendí que el entorno es el reflejo de nuestro mundo interior y que son nuestros propios pensamientos los que atraen al mundo que nos rodea.

El clic más significativo que viví de la mano de este apasionante mundo llamado coaching fue entender -y aprehender- que si lograba cambiar mis pensamientos, mi mundo entero cambiaría. Entendí que pensando en positivo y creyendo en mí lograría todo aquello que me propusiera.

De la mano de esta transformación personal surgió este proyecto. Muchas veces me había preguntado cómo sería escribir un libro, pero mis creencias limitantes me decían que yo no era capaz de hacerlo o que no tenía los conocimientos suficientes para tal fin. Fue entonces que apareció mi coach mentor, Jaqueline, quien me ayudó a cambiar mis creencias limitantes haciéndome ver que sí podía escribir este libro y alcanzar el éxito profesional que estaba buscando.

Una vez tomada la decisión, establecí el objetivo principal de mi libro: transmitir todo lo que he leído y aprendido durante estos años acerca de la magia del coaching. De a poco, fui buscando aportes de varios autores relevantes que se dedicaron a este estilo de vida y, sumados a mis experiencias en el campo del coaching, empezaron a conformar la base de este gran sueño.

El principio de este camino fue difícil porque sentía que tenía mucho para dar pero no sabía por dónde comenzar; hasta que di el puntapié inicial. Empecé guardar en mi celular imágenes, frases e ideas que quería que aparecieran en el libro. Luego armé un esqueleto en el cual programé el libro con las ideas principales que no podía dejar de lado. Para saber en qué terreno estaba entrando, y para saber qué busca la gente de sí misma, realicé una encuesta al público para conocer si realmente mi gente más allegada buscaba un cambio en sus vidas.

El siguiente paso fue profundizar en los orígenes de este mundo. Así supe que los primeros textos sobre coaching aparecieron en los años 70 cuando *Timothy Gallwey*, un apasionado por el desarrollo de la excelencia personal y profesional, descubrió que el mayor enemigo de un tenista eran sus propios pensamientos. Comenzó a escribir una serie de libros para ayudar a estos deportistas a superar bloqueos y lograr un mayor rendimiento, motivando al pensador en el mundo del liderazgo *John Whitmore*, quien lo siguió e implementó estas técnicas de coaching al mundo empresarial. Luego surgió en el campo *Thomas Leonard*, considerado el padre del coaching moderno, quien se dedicó desde el comienzo a inspirar a las personas mucho más allá de sus expectativas.

Cuando decidí escribir un libro me enfoque en que cualquier persona pudiera comprenderlo, tanto hombres como mujeres que necesitaran un cambio en sus vida, o en algún aspecto de ellas. Lo bueno es que de ninguna manera existe un límite de edad para generar un cambio; siempre podremos estar mejor si realmente lo deseamos.

Creo profundamente que cuando uno aprende algo, tiene la obligación compartirlo; caso contrario, es tarea inútil. Este es mi aporte, y me encantaría el día de mañana poder recibir devoluciones positivas de aquellas personas a las que haya podido sumar un granito de arena en el cambio de sus vidas. Este libro pretende brindarte herramientas fundamentales para realizar ese cambio y alcanzar el éxito que tanto estás persiguiendo.

CAPITULO I

COACHING COMO ESTILO DE VIDA

"He fallado una y otra vez en mi vida, por eso he conseguido el éxito."
Michael Jordan

1. 1 ¿QUÉ ES EL COACHING?

Para comenzar este libro, quisiera primero dejar en claro varios de los conceptos que he podido notar que la gente no conoce o confunde sobre esta disciplina moderna. Al realizar una encuesta a una muestra representativa observé que el 62,5% de las personas no conoce qué es el coaching en general ni cuál es el trabajo de un coach en lo particular.

El término *coach* surge durante los siglos XV y XVI, momento histórico en el cual la ciudad húngara de Kocs se convirtió en parada obligatoria para todos los viajeros que se encontraban haciendo el trayecto entre Viena y Budapest. Fue en Kocs donde comenzó a utilizarse un carruaje con un sistema de suspensión que hacía mucho más cómodo el viaje. Empezó así a hablarse del *"kocsi szekér"* o "carruaje de Kocs", símbolo de la excelencia en aquella época. El término *kocsi* pasó al alemán como *kutsche*, al italiano como *cocchio*, al inglés como *coach* y al español como *coche*. Un coach, entonces, es un vehículo que traslada a una persona, o a un grupo de personas, de un origen a un destino deseado.

La Filosofía del Coaching está basada en las teorías de Sócrates, quien hacía referencia a la capacidad que tienen las personas de buscar dentro de sí mismos las respuestas por medio de la mayéutica. El ateniense utilizaba el diálogo como herramienta para hacer reflexionar a sus discípulos, por medio de la realización de preguntas inteligentes para que los interlocutores adquirieran conocimientos por sí mismos y llegaran así a la verdad de las cosas.

Más tarde, Platón siguió los pasos de su mentor y amplió la labor del filósofo introduciendo una secuencia de preguntas y respuestas entre el maestro y el alumno, lo que puede compararse con una sesión de coaching. Hoy en día las preguntas poderosas y la escucha activa son las dos herramientas o habilidades más importantes que un coach debe aprender para transformarse en un verdadero catalizador.

El coaching es una metodología que consigue el **máximo desarrollo profesional y personal** de las personas y que da lugar a una profunda transformación, generando **cambios de perspectiva y aumento del compromiso y la responsabilidad**, lo que se traduce en mejores resultados. Se trata de un proceso sistemático que facilita el aprendizaje y promueve cambios cognitivos, emocionales, y conductuales que expanden la **capacidad de acción** en función del logro de las metas propuestas.

El coaching consiste en acompañar, instruir y entrenar a una persona, o un grupo de personas, con el objetivo de **conseguir alguna meta o desarrollar habilidades específicas**. Se trata de una disciplina que ha tomado mucho auge en las últimas décadas y que se ha expandido en diferentes áreas de aplicación. Favorece el desarrollo personal y profesional hacia la **evolución del individuo** en la búsqueda del mejoramiento de su talento, potenciando su poder interno latente.

En resumen, lo que viene de adentro es más válido y fácil de reconocer y aprender que lo que se intenta imponer desde afuera; por este motivo, podemos definir al coach como un mago del cambio que toma tus cartas para que puedas jugarlas mejor. Intenta cambiar las reglas del juego o encontrar un juego mejor, aunque nunca te va a decir qué hacer. Vos vas a ser tu principal voz de mando, bajo la guía de un mago de cambio.

1.2 DIFERENCIAS CON LA PSICOLOGÍA

La psicología como base se entiende como la ciencia que estudia la conducta y los procesos mentales. Para lograr esto, describe y explica los aspectos del pensamiento, sentimientos de las percepciones y acciones humanas. Por ser una ciencia, se basa en el método científico para encontrar respuestas.

Por su lado, el coaching es una metodología novedosa y supone una herramienta para mirar hacia adentro de uno mismo y ver algo más del éxito o del fracaso. Se trata, en definitiva, de un proceso para ampliar la autoconciencia. Por medio de preguntas poderosas, el coach trata de explorar el presente del coachee para diseñar su futuro, utilizando el planteamiento de objetivos concretos que lo van a ayudar a generar una proyección del lugar hacia dónde se quiere dirigir.

El coaching se basa en múltiples teorías y enfoques. Muchas de ellas parten de la psicología, destacando la psicología humanista de *Maslow* o *Rogers*, así como de la terapia de la *Gestalt* y el análisis *Transpersonal*, desde donde se toma el reporte de las sesiones, la catarsis o libre expresión de los sentimientos.

Más allá de las semejanzas que pueden encontrarse con la psicología, resulta fundamental aclarar que de ninguna manera el coach es un psicólogo, ya que existe una relación de igualdad entre coach y coachee, siendo éste último el protagonista y el coach un mero acompañante. A contracara, en la psicología no existe esta igualdad y encontramos una relación entre el experto que asesora y ayuda a su paciente.

El autodescubrimiento es fundamental para que nuestros clientes o coachees determinen un qué, cómo y cuándo, para auto asimilar el aprendizaje.

En coaching se trabaja del presente al futuro y, por el contrario, en la terapia suele comenzarse desde el pasado. En la psicología se analiza el **¿por qué?** de las cosas, mientras que en el coaching se enfoca en el **¿para qué?** del objetivo del cliente. La terapia se basa en las causas de determinadas situaciones, mientras que el coaching se centra en lo que se puede mejorar y desarrollar.

1.3 PRINCIPALES DIFERENCIAS CON OTRAS DISCIPLINAS

MENTOR: es una persona, por lo general mayor y con más experiencia que su aprendiz o cliente, que le transmite sus conocimientos, le sirve de guía, le da su consejo y le proporciona un modelo.	**COACH:** es un entrenador capacitado para duplicar procesos y provocar **cambios significativos en la conducta y el comportamiento** humano. Ser coach es más que adiestrar, preparar o enseñar a otras personas: es **fortalecer y reforzar actitudes positivas** a partir de un acompañamiento y apoyo constante, en busca de resultados concretos.
ASESOR: es un experto especializado con soluciones acertadas. Resuelve problemas de empresa, no trabaja con las personas que forman parte de él. No busca el mejoramiento de la persona sino de las estructuras o sistemas donde éste se desenvuelve.	
TUTOR: es una persona capacitada y con cualidades éticas, morales y espirituales. Capaz de sintonizar con los alumnos, acompañarlos y guiarlos hacia el desarrollo y práctica de valores actuales positivas que fortalezcan su vida personal y social futura.	

1.4 ¿PARA QUÉ PUEDO NECESITAR UN COACH?

Lo más importante es saber que un **coach no se necesita, se desea**. Todos tenemos un potencial y poder para auto gestionarnos nuestras propias metas. Desear la ayuda de un facilitador es acelerar el proceso y tener a un entrenador personal que te motive.

Un coach personal va a estar siempre a tu lado, siguiendo tu propio ritmo, haciéndote tomar conciencia de tus creencias, de tus deseos, de las limitaciones que vos mismo te has impuesto. El coaching es para aquellos que quieren cumplir sus viejos y nuevos sueños, es para quienes se animan a dejar de decir "tengo que" o "debería", para empezar de una vez a hacerlo.

Al responder la siguiente pregunta, vas a descubrir si necesitás de la ayuda de un coach para tu vida o si ya sos feliz con lo que tenés.

¿Llevás la vida que querés, en consecuencia de tus sueños y deseos?

1.5 ¿CUÁL ES EL MOMENTO IDEAL PARA CONTRATAR UN COACH PERSONAL?

- Cuando tengas una meta a alcanzar
- Cuando dispongas de tiempo para vos
- Cuando quieras llevar tus propios deseos y sueños a la práctica
- Cuando exista una gran distancia entre el lugar donde te encontrás y el lugar donde te gustaría estar
- Cuando quieras cambiar o dar un giro a tu profesión
- Cuando necesites mejorar tus relaciones personales, familiares o laborales
- Cuando te sientas agotado y con la autoestima baja
- Cuando decidas tener un vida equilibrada

- Cuando busques tiempo para vos
- Cuando seas completamente responsable de tu propia vida y de las decisiones que tomás

En definitiva, el momento ideal para trabajar con un coach es cuando quieras conseguir que tus sueños se conviertan en metas alcanzables.

1.6 ¿Y SI CAMBIO YO?

Este libro nació después de pasar varios años de mi vida tratando de encontrar respuestas a preguntas inconclusas. Para que entiendan de qué hablo, voy a hacer un breve resumen de quien soy, convencida de que va a brindar una idea de lo significativo que el coaching puede resultar.

Nací en Mendoza, provincia de Argentina, en el seno de una familia clásica. Sin dudas puedo asegurar una infancia feliz, en el ala de padres que me brindaron todo lo necesario para que nunca sintiera faltas. Gracias a Dios, tuve una familia sana y unida.

Mi juventud se resume en la vida de una adolescente contrariada con el mundo o, mejor dicho, desafiante con el mundo. Una persona que siempre eligió la discusión como herramienta de diálogo y que siempre persiguió la razón en cualquier tipo de debate, sin mucho reparo la opinión de los otros. Fui una joven que fácilmente se volvió adicta a los vicios clásicos de la adolescencia, como el alcohol, el cigarrillo y la comida.

Más allá la terquedad y los vicios que acompañaban, esa joven rebelde siempre soñó con cumplir los "debería" que la vida y la sociedad exigían, ya que la vara de perfección estuvo siempre alta, gobernada por mi propia auto exigencia. Por esto, con gran esfuerzo y constante autocrítica, logré estudiar dos carreras universitarias y convertirme en licenciada en Administración de Empresas y en Marketing. En los papeles, había grandes méritos personales; en mi mente, en mi rutina, en mi vida, faltaba mucho más. Terminados mis estudios, no lograba sentirme satisfecha y no podía evitar tener constantemente en mente una imagen y una sed de perfección que me obligaron a ir por más.

Mi gran pasión siempre fue leer sobre cómo las personas exitosas alcanzaron todo lo que se propusieron, ver cómo crecieron las empresas y qué habilidades o características tienen los grandes líderes del mundo que lograron triunfar, más allá de los campos en los cuales se desenvolvieron, y en medio de todo ese enojo que me generaba la falta de perfección, surgió la posibilidad de acceder a un trabajo para el cual era necesario irme a vivir sola a Buenos Aires. Tomé esto para alejarme de todo y de todos, y allí es donde puedo decir que empezó mi historia de amor con el coaching.

No busqué el coaching, sino que éste me encontró a mí. Durante toda mi vida he buscado caminos que se aproximaran a la verdad, me he cansado de hacer preguntas para intentar obtener respuestas, leer libros y explorar distintos campos a fin de encontrar algo. Siempre me pregunte ¿quién soy? y ¿a qué vine al mundo?, necesitaba encontrar una respuesta.

Viviendo en Buenos Aires, una amiga me regaló un libro de metafísica y, por primera vez, logré a entender el poder de los pensamientos y la conexión que se puede establecer entre la mente, el cuerpo y alma. Comencé a ver videos y charlas motivacionales y ahí empecé a escuchar el termino coaching. Después de un año viviendo en Buenos Aires, llegar a pesar 20 kilos menos que en mi adolescencia, sufrir acné severo y colon irritable, decidí volver a Mendoza. Mi vida mejoró, tal vez, en ciertos aspectos. Pero en mi interior yo sabía, yo sentía, que las cosas no seguían bien.

Jamás podría decir que mi paso por Buenos Aires fue una mala experiencia, porque la realidad es que aprendí mucho y descubrí la cantidad de gente toxica que había tenido a mí alrededor, viviendo mi ciudad natal. Entendí, ante todo, que ya no quería tener cerca a las personas perjudiciales. Creo que ese fue el primer gran cambio en mi vida y el origen de *¿Y SI CAMBIO YO?*

De repente, me di cuenta que durante muchos años utilicé mi energía para intentar cambiar a las personas y totalmente en vano; entendí que la única persona capaz de cambiar mi vida era yo. Podemos elegir la palabra CRISIS y vivir en una catástrofe o bien, como hacen los chinos, considerar que las crisis son OPORTUNIDADES DE CAMBIO. Eso elegí yo.

"Los grandes cambios siempre vienen acompañados de una fuerte sacudida. No es el fin del mundo. Es el inicio de uno nuevo".

El primer paso fue eliminar de mi vida a esas personas tóxicas: gente que sólo hacía de mi vida una vida más vacía. Decidí enfocarme en mí, en mi bienestar, en lo que me hacía bien. Empecé a juntarme y relacionarme con las personas que me hacían feliz e ir a los lugares en los que yo decidía estar.

Al regresar a mi provincia empecé a trabajar otra vez. Un día una colega me comentó que estaba comenzando un curso de coaching y mi intuición me dijo que ese era el camino a seguir. Al principio me costó entender qué era y cómo funcionaba esta poderosa herramienta, pero empecé a sentir muchos cambios en mis relaciones interpersonales y una tranquilidad que nunca antes había experimentado.

Unos meses después, un asesor de la empresa en la que trabajaba me envió los datos de un curso de coaching en Miami, en la *Academia de Coaching y Capacitación Americana*, y fue ahí cuando entendí que se trataba de un estilo de vida, una manera de pensar, una forma de vivir.

Con este nuevo curso terminé de comprender que todo cambio empieza en uno mismo, que tenemos que ser responsables de nuestras vidas, que podemos tener muchas situaciones malas pero que tenemos el poder de encontrar soluciones para cada situación.

Aprendí que la mente rige nuestro cuerpo y que todas nuestras acciones parten de nuestros pensamientos. Entendí, ante todo, que depende sólo de nosotros pararnos en el mundo como responsables o como víctimas de las situaciones que nos rodean, desde el amor o desde el odio y el rencor.

Decidí cambiar, evolucionar, aprender de mi inteligencia emocional, desarrollar mis competencias y habilidades, entender qué es lo importante de mi vida y eliminar todo lo que me hacía daño. Tomé la disposición de no darle poder a mis creencias limitantes, cambiándolas por creencias posibilitantes, logrando un empoderamiento. Elegí **desaprender para reaprender**, resetear mis valores y creencias y seguir el camino de la **transformación.**

Mi vida es el fruto de todas mis acciones y decisiones;, por este motivo, y gracias al coaching, decidí tener el control y comenzar a reprogramarme para conseguir cualquier meta que me propusiera. Tuve que aprender a cuidarme y amarme. Supe que sin amor propio -que no es egoísmo, como muchas personas creen-, no podía aportarle nada a otras personas. Entendí lo fundamental de aprender a respetarnos, cuidarnos, confiar en nosotros, perdonar y, en definitiva, ser fieles a nosotros mismos, una manera de cuidarnos para cuidar a los demás.

El coaching logró responderme todas aquellas preguntas que me perturbaban de niña y, principalmente, la que más me importaba: ¿A qué vine al mundo? Hoy sé que mi misión es VIAJAR, TRANSMITIR Y MOTIVAR A AQUELLAS PERSONAS QUE NECESITAN UN ENVIÓN ANIMICO, UN EMPUJÓN DE CONFIANZA PARA ALCANZAR CUALQUIER META QUE SE PROPONGAN.

Soy una mujer fuerte, potente y sabia, que decidió ser feliz y promete un cambio sorprendente.

1.7 APORTES

Me gustó elegir el título *APORTES* para regalarle al lector algunas de las herramientas que he aprendido con todo el estudio realizado, cursos y libros leídos.

Para empezar voy explicar el uso del eneagrama, una herramienta de coaching que se utiliza para evaluar la situación actual del cliente respecto de las distintas áreas de su vida.

El primer paso para el coachee es, en una hoja en blanco, dibujar un circulo grande y dividirlo en nueve porciones que van a corresponder a: Salud, Finanzas, Trabajo, Familia, Relaciones Interpersonales, Espiritualidad, Educación, Emocional y Recreación. Luego se le debe asignar y anotar en cada área un número del 1 al 10, siendo el 10 el mayor valor, de acuerdo con el grado de satisfacción que se vive para cada uno en este momento de la vida.

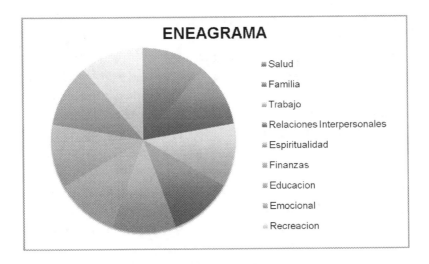

Luego de haber asignado un valor para cada área, se debe unir cada valor (el número asignado y anotado) con el del área contigua, hasta formar una figura cerrada que contempla todos los números asignados a lo largo del círculo. Tras unir los puntajes de mis valores, visualicé una roca. Dejá volar a tu imaginación y observá la figura que se forma al unir todos tus puntos. Sobre la base de esa figura que se forma, escribí la imagen que se viene a tu mente y elaborá un listado de diez características que correspondan a la forma hallada.

De las 10 características asignadas a la figura, de a poco descartá palabras hasta que el listado se reduzca a las tres palabras que, a tu criterio, mejor representen tu figura. Por ejemplo: en mi caso, a la figura roca le atribuí las siguientes palabras: Fuerte, Dura, Camino, Iglesia, Rígida, etc.

Para finalizar escribí tu frase de empoderamiento, la cual va sintetizarse así: "Soy una mujer/ un hombre *palabra 1, palabra 2* y *palabra 3*". Observá si tu elección coincide con lo que realmente sos.

Mi frase de empoderamiento es *soy una mujer fuerte, potente y sabia.*

1.8 CONCEPTOS CLAVES DEL CAPITULO I

- Un "coach" es literalmente un vehículo que lleva a una persona o a un grupo de personas de un origen a un destino deseado
- El coaching es una metodología que consigue el máximo desarrollo profesional y personal de las personas
- El coaching un proceso para ampliar la autoconciencia
- El Coach no es un psicólogo; existe una relación de igualdad entre coach y cliente, siendo éste último el protagonista y el coach un acompañante
- El cambio de vida comienza por uno mismo
- El amor propio es la respuesta a cualquier problema
- El coaching es para aquellas personas que quieren cumplir sus objetivos y sueños

CAPITULO II

LA MAGIA DE LAS PALABRAS

"Las lágrimas más amargas que se derramarán
sobre nuestra tumba serán las
de las palabras no dichas
y las de las obras inacabadas".
Harriet Beecher Stowe

En el siguiente capítulo pretendo demostrar cómo influye y cuan importantes son las palabras para el cerebro. Muchas veces decimos frases o comentarios de forma inconsciente y no medimos la penetración o la repercusión que pueden tener en nuestro cerebro o el de otra persona.

En la encuesta que realicé antes de comenzar a escribir este libro, la cuarta pregunta era: ¿Alguna vez te dijeron que no podrías hacer algo? A lo que el 75,4% respondió que SI, respuesta que no me sorprendió ya que, muchas veces, de niños escuchamos eso por parte de nuestros padres, maestros y amigos. Estas frases son las que, sin saber el poder que tienen, nos generaron limitaciones que repercuten cuando somos más grandes.

A largo de este capítulo se irán desarrollando distintos temas, conceptos y definiciones para poder comprender lo que se quiere demostrar. Se tomaron como referencia autores como Miguel Ruiz, Grinder y Bandler e Talane Miedaner, entre otros.

2.1 SÉ IMPECABLE CON TUS PALABRAS

Para desarrollar este tema me basé en los conocimientos del mexicano Miguel Ruiz y su libro *Los cuatro acuerdos*, basado en la sabiduría de los antiguos toltecas. En su primer acuerdo, uno de los más difíciles de cumplir pero muy poderoso, el autor formula la premisa: "Sé impecable con tus palabras."[1]

El término **impecable** significa **sin pecado**, siendo el pecado, por definición, cualquier cosa que va **contra vos mismo**. Todo lo que sientas, creas o pienses en tu contra es un pecado. Vas contra vos mismo cuando te juzgás o culpás. Por eso, se dice que ser impecable es no ir contra vos mismo y ser responsable de tus actos sin culparte ni juzgarte.

Tus palabras constituyen el poder para crear. Mediante la palabra expresás tu poder creativo, lo revelás todo. Lo que soñás, lo que sentís y lo que realmente sos lo demostrás a través de tus palabras. Pero estas son un arma de doble filo, ya que pueden crear el mejor sueño o destruir todo lo que te rodea; según cómo las utilices te liberan o te esclavizan.

Las palabras son pura magia, pero si las usás mal se convierten en magia negra. Si tomamos el caso de Hitler como ejemplo, podemos decir que usó su palabra para controlar la voluntad de un país entero y lo llevó a la guerra, mediante el poder de su palabra. El líder alemán siempre se destacó por su poder de discurso u oratoria, convenció a un país entero de que el mundo necesitaba tener una raza única y así causó todos los problemas que ya conocemos.

Nuestro cerebro es como un campo en el que constantemente estamos plantando semillas (opiniones, ideas y conceptos). Plantás una semilla (pensamiento) y esta

---

[1]　　Ruiz, Miguel: *Los cuatro acuerdos*. Barcelona, España. Ediciones Urano S.A; 1998.

crece y crece, porque nuestro cerebro es muy fértil, o como una esponja que todo lo absorbe.

Si tomamos como referencia nuestras vidas, cuando crecemos nuestros padres, hermanos, maestros, amigos nos dan sus opiniones sin pensar en cómo pueden repercutir y las tomamos como ciertas. Por ejemplo, si de niño te trataron como a un tonto o te dijeron que eras malo para algún deporte, a lo largo de la vida te van a surgiendo circunstancias que te van a hacer comprobar que efectivamente sos tonto y difícilmente vas a poder sacar esa idea de tu mente.

Sin embargo, existe una solución a este repertorio de semillas plantadas. La solución puede encontrarse en un coach o alguna una persona que capte tu atención y te ayude a descubrir todas tus capacidades y habilidades; entonces si te ayuda a ver que no sos tonto o que sí sos bueno para determinado deporte, y decidís creer en esa persona, ¡ya está! Se rompe el hechizo anterior gracias a la FUERZA DE LAS PALABRAS.

Las palabras son pura magia, son el don más poderoso que tenemos como seres humanos y solemos utilizarlas contra nosotros mismos; las usamos para fomentar el odio entre personas, entre familias y entre naciones. Con el uso erróneo de la palabra, nos perjudicamos los unos a los otros y nos mantenemos en un estado de duda y miedo.

Si tomamos las relaciones humanas y observamos cuántas veces una persona ha dicho o escuchado un CHISME, estaríamos hablando del peor veneno. Aprendemos a contar chismes por acuerdo, porque cuando eras chico escuchabas que los adultos lo hacían e incluso opinaban de gente que no conocían; y de esta forma vas aprendiendo que esta es la manera normal de comunicarnos.

Al poner en práctica este primer acuerdo de Miguel Ruiz, cualquier veneno emocional desaparecerá de nuestra mente y no lo transmitiremos en nuestras relaciones. Utilizá tus palabras apropiadamente, emplealas para compartir amor. Decite a vos mismo que sos una persona maravillosa, fantástica; recordate cuánto te amás. Utilizá la palabra para romper todas aquellas creencias que tenés en tu cabeza y te hacen sufrir.

2.2 ELIMINÁ LOS "DEBERÍA"[2]

Luego de analizar lo importantes que son las palabras y su poder, vamos a analizar cómo puede cambiar la forma de pensar del cerebro si se eliminan de él ciertas palabras que producen, inconscientemente, efectos negativos.

A lo largo del tiempo nos acostumbramos a ir por la vida cargados de DEBERÍA, los cuales son aquellos objetivos que creemos que debemos hacer y que representan una obligación. Sin embargo, lo importante es que realmente no nos interesa lo suficiente. Un buen ejemplo de un "debería" es "debería hacer dieta" o "debería hacer ejercicio".

Todos los "debería" suponen una carga que nos desanima y que nos dejan una sensación muy desmotivadora porque no conseguimos alcanzar nuestros objetivos. Lo peor de todo es que no nos dejan energía ni enfoque en los verdaderos objetivos que están esperando que pasemos a la acción. Estos falsos objetivos no nos interesan para nada y lo mejor sería simplemente centrarnos en nuestros verdaderos objetivos.

La verdad es que si hace mucho tiempo que deseás conseguir un objetivo, es un "debería" que no tiene ninguna vitalidad ¡Líbrate ahora mismo de esta pesada! carga-

Cuando se quiere conseguir cambios existen dos vías desde donde podemos plantearnos estas modificaciones:

---

[2] Miedaner, Talane: Coaching para el éxito. Barcelona, España. Ediciones Urano, S.A; 2012.

desde la elección o desde la imposición. Al elegir hacer algo desde la elección, los cambios suelen realizarse con fluidez. Sin embargo, cuando nos imponemos un cambio desde los "debería" o de los "TENGO que", nos encontramos luchando constantemente y como resultado terminamos exhaustos y frustrados porque no se ha cumplido con los objetivos.

Deben haber escuchado tantas veces como yo que "para ser alguien en la vida hay que estudiar una carrera" o "ir a la universidad"; "hay que trabajar duro", y un sin fin de imposiciones que, estoy casi segura, quien las escucha las incorpora como propias y empieza a creerlas, las acepta y así desarrolla su personalidad.

La mayoría de nosotros queremos realizar los cambios desde el "debería", siendo esta una de las palabras más dañinas de nuestro vocabulario porque nos dice que estamos equivocados, que estamos haciendo algo mal y debemos cambiar: "Debería perder peso", "debería dejar de fumar".

Para realizar cambios positivos en nuestras vidas es necesario partir de una "elección" y de no una imposición. Los debería entonces deben convertirse en, "si yo quisiera **podría**... dejar de fumar, **podría** hacer ejercicio. Esta postura siempre permite una opción y nos devuelve nuestro poder sobre las elecciones.

Así, un "debería ponerme a dieta" puede convertirse en un "si verdaderamente quisiera, podría ponerme a dieta". A veces descubrimos que si no hacemos lo que queremos es porque existe una creencia que nos hace sentir incapaces de conseguir nuestros objetivos. Tomemos el siguiente caso como punto de partida: "Yo elijo comer sano y hacer más ejercicio porque me quiero y amo mi cuerpo. Por eso, lo cuido y lo mimo. Soy capaz de conseguir cualquier objetivo que me propongo. Me amo y me respeto".

Voy a explicarles cuales son las principales consecuencias negativas que producen los debería en nosotros:

1. **Provoca que se analice la vida en términos de todo/ nada, bien/mal, blanco/negro.** Por ejemplo: nadie consigue trabajo por la situación complicada del país. ¿Cómo voy a conseguirlo yo? Otro famoso ejemplo es la frase que indica que "yodos los hombres son iguales". Eso provoca una fantasía muy negativa que nos puede hacer mucho daño. La vida no es ni negra ni blanca, está llena de millones de colores.

2. **Si pensamos en términos de "debería" se crea una especie de cortocircuito en el cerebro que nos conduce a pensar en círculo, sin que nunca se encienda ninguna "bombilla" en nuestro cerebro,** un bucle que puede ser infinito sin encontrar soluciones, opciones o alternativas a nuestros problemas. "Tendría que haber ido a visitar a mi abuelo que está solo, pero no fui porque me quedé viendo la novela y después me fui con mis amigas, y ¿cómo no fui? Soy una mala nieta con quien tanto me ayudó. ¿Cómo ni siquiera lo llamé? Debería ir mañana sí o sí...

3. **Nuestra autoestima puede sufrir si nos insultamos por no hacer lo que "deberíamos" hacer.** Por ejemplo: surge la posibilidad de un viaje de trabajo y nos lamentamos: "¿Por qué no estudie inglés? ¡Debería saber inglés! Soy una bruta. ¡Soy una vaga! Nunca hago nada". Esto nos conduce a la sensación de falta de control ("no puedo con todo") o de nunca alcanzar nuestras metas ("nunca termino haciendo nada").

4. **Perdemos algún contacto con la realidad cuando entramos en el mundo de la fantasía de cómo "deberían" ser las cosas... Pero no lo son.** *Esto recuerda a una historieta de Mafalda:*

5. **Tendemos a desperdiciar tiempo, energía, criticando y condenando a las personas o situaciones que quebrantan la norma "debería/debo".** Por ejemplo: "¿Viste que Carlos se compró un auto cuando en realidad debería pagar el colegio de su hijo?" o "¿Viste la ropa que usa Mabel para trabajar cuando debería ir vestida como una mujer adulta, madre de familia?

6. **Los niveles de ansiedad pueden llegar a ser desorbitados al no conseguir lo que "tendríamos que conseguir pero no conseguimos"** y, además, al notar que no depende nada de nosotros y que nunca controlamos nuestra vida, el riesgo del desánimo -o incluso una depresión- es muy alto. Por ejemplo: "Debería tomarme vacaciones y en esta empresa no me dejan respirar. Trabajo todo el día y todavía no me corresponden las vacaciones; encima mi mujer me vuelve loco para conocer Disney y tiene razón, tengo que llevar a mi hijo a que conozca Disney".

7. **Cuando se analiza nuestro pasado en términos de "debería", solo conseguiremos unos gigantescos niveles de culpabilidad:** nos mortificamos por no haber conseguido lo que teníamos que haber conseguido. Además, no aceptamos lo ocurrido (los "debería" bloquean los procesos de duelo), no analizamos bien el posible error y nunca aprenderemos. Por ejemplo: "Debería haber comprado ese auto cuando tenía la plata. Pero, salió

esa oferta y finalmente decidí viajar, y ahora no tengo auto para moverme y llego tarde a trabajar".

8. En resumen, **los "debería" son el germen del perfeccionismo** (cómo deberíamos hacer las cosas), **de la culpabilidad** (cómo deberíamos haber actuado) y de las **frustraciones extremas** (cómo debería ser la realidad).

2.3 ¿VÍCTIMA O RESPONSABLE?[3]

Este tema creo que es súper importante que todos los tengamos en cuenta a la hora de reaccionar ante la vida: saber cómo las personas afrontan los distintos etapas de sus vidas, qué postura toman frente a las circunstancias que les tocan vivir. Podemos optar, parados desde un lugar con fuerza, por hacernos cargo de las situaciones con RESPONSABILIDAD, o dejar que éstas nos ahoguen en un mar de dudas y nos conduzcan al descontento de ser VÍCTIMAS.

Cuando una persona atribuye la causa de sus problemas a lo que le rodea, su jefe, los compañeros, la falta de medios, la situación de la empresa o incluso la economía nacional, decimos que está adoptando un papel de víctima. Al colocarse en esta posición, se sitúa en un lugar desde el cual no es responsable de lo que le ocurre, porque la culpa está en algún lugar ajeno a él.

Evidentemente, aceptamos el hecho de que, en ocasiones, nos enfrentamos a situaciones que escapan totalmente de nuestro control y sobre las que no podemos intervenir; sin embargo, son muchas más las situaciones en las

---

[3]   Sobre Coaching Ontológico: Victima vs Protagonista [actualizada el 05 de febrero del 2014; acceso 19 de julio de 2015]. Disponible en: http://sobrecoachingontologico.blogspot.com.ar/2014/02/victima-vs-protagonista.html

que creemos que no hay nada que podamos hacer, cuando en realidad existen opciones que no estamos pudiendo ver.

Al posicionarnos en situación de víctimas, perdemos el control sobre nuestras vidas. Hablando metafóricamente, es como si soltáramos las riendas de nuestras vidas y las dejáramos en manos ajenas. Como si entregáramos a los demás la capacidad de decidir sobre nosotros mismos, al tiempo que nos negamos esa capacidad. Es decir:

- Nos llenamos de explicaciones, al quedarnos en el pasado.
- Nos sentimos resentidos, no podemos perdonar ni olvidar, nos quedamos atados a aquello que nos ocurrió.
- Tenemos más dificultad para visualizar el futuro, generar acciones nuevas y asumir la responsabilidad de llevarlas a cabo.

Si, por el contrario, decidimos posicionarnos como responsables, somos capaces de encontrar soluciones a nuestros problemas porque, de alguna manera, nos hacemos responsables de los mismos, asumiendo que existen aspectos en los que podemos influir o acciones que pueden tomarse para intentar resolverlos. Desde esta posición es mucho más probable que surjan ideas para solucionar los problemas y opciones para actuar en otra dirección. No es que estas ideas y decisiones vayan a solucionar todos los problemas de forma automática, pero es innegable que existen más posibilidades de que lo logremos.

Una vez que las personas logran comprender esto y hacerlo consciente; eligen moverse del papel de víctima a responsable y sus vidas toman una dirección totalmente opuesta.

"Cada personalidad atrae hacia ella misma personalidades con la misma consciencia. Por lo tanto, el mundo de una persona enojada está lleno de personas enojadas, el mundo de una persona avariciosa se llena de personas avariciosas y el mundo de una persona amorosa está lleno de personas amorosas"- *Gary Zuvak*, explorador intelectual autor de "La danza de los maestros de Wu Li".

2.4. LENGUAJE DE VÍCTIMA VS. LENGUAJE RESPONSABLE

El lenguaje no es inocente, tiene la capacidad de generar realidades. A través del lenguaje podemos crear o destruir posibilidades. Cuando nos comunicamos con otros o con nosotros mismos, a través del lenguaje podemos estar dándonos o quitándonos fuerza.

LENGUAJE DE VÍCTIMA	LENGUAJE RESPONSABLE
El otro, la situación, tiene la capacidad de generar en mí una emoción que yo no puedo controlar:	Yo soy responsable de cómo me siento y la única persona con capacidad de generar otra respuesta emocional:
• Me hacés sentir mal / bien. • Me sacás de quicio cuando...	• Me siento mal / bien. • Me enfado cuando vos...
El otro, las circunstancias, me están impidiendo lograr mis objetivos:	Soy yo el que no estoy logrando mis objetivos:
• Mi jefe me bloquea cualquier. posibilidad de desarrollo. • No hay otra alternativa. • Las circunstancias me impiden solucionar este problema. • Si no fuera por (x), habría logrado (y)	• No estoy logrando que mi jefe. facilite mi desarrollo. • No veo otra alternativa. • No estoy sabiendo solucionar este problema. • No estoy siendo capaz de lograr (y)

La falta de tiempo es la causa de mis problemas actuales:	No estoy sabiendo gestionar mi tiempo de forma adecuada.
• No tuve tiempo para abordar este problema. • Mi agenda me ha impedido atender este asunto. • Me doy cuenta de que esto es importante, pero no hay quién se ponga con ello.	• No he priorizado suficientemente este asunto. • No le he dedicado suficiente atención a este tema. • Digo que esto es importante, pero en la práctica no le doy importancia.

Por lo general, cuando se buscan agentes externos responsables o culpables de lo que nos ocurre, nos estamos quitando poder. Esto es así porque estamos anulando cualquier posibilidad de solución. Solo haciéndonos responsables de nuestros actos podemos encontrar alternativas y generar las condiciones adecuadas para generar una nueva realidad.

Es fácil observar lo diferente que puede ser nuestro lenguaje si nos paramos en un lado o el otro: desde el lugar de víctima nos encanta encontrar culpables desde lo externo; en cambio, en el lenguaje responsable, nos hacemos cargo de lo que nos pasa.

Lo que sí resulta necesario aclarar es que cuando hablamos de SER responsables de nuestras vidas no debemos caer en la CULPABILIDAD, ¡¡cuidado con esto!! La responsabilidad es a nivel consciente: todas las palabras que pronunciemos o acciones que realicemos tienen una consecuencia, por eso hay que ser cuidadosos cuando estamos demasiado felices o enojados. Es importante no decir nada ni hacer promesas.

Ser responsables nos invita a ver cómo estamos llevando a cabo nuestras vidas, qué hemos hecho, de qué nos sentimos orgullosos, en qué nos equivocamos, qué queremos mejorar. Se trata de tomar las riendas de tu vida, tomar el timón de tu barco y dirigirlo hasta el puerto que te propongas. Puede que te equivoques o te encuentres con obstáculos en el camino, pero es importante saber que somos capaces de solucionarlo; de eso trata el lenguaje responsable; no se trata de sentir culpa por hacer las cosas mal, sino de encontrar soluciones para cambiar el rumbo cuando nos equivocamos.

2.5 EL METAMODELO LINGÜÍSTICO[4]

Las personas representamos nuestras experiencias a través del lenguaje. Éste permite comunicarnos con nuestros pares y también con nosotros mismos. El lenguaje posee una estructura característica comprensible mediante la cual se rige y lo hace "manejable". Esto hace del lenguaje una herramienta que posibilita realizar cambios o modificaciones en la experiencia subjetiva de las personas.

La programación neurolingüística (PNL) ha creado un modelo para sacar a la luz la estructura profunda que opera. Este modelo se llama metamodelo del lenguaje o metalenguaje y la teoría que propone es la existencia de un mecanismo mediante el cual la estructura profunda se transforma en estructura superficial, proceso llamado derivación, y está regido por operaciones formales en función de tres conceptos:, la generalización, la eliminación y la distorsión. Estas operaciones generan lo que se conoce como **violaciones del modelo del lenguaje.**

GENERALIZACIÓN: es un proceso mediante el cual algunos elementos del modelo de la persona se desprenden de la experiencia original y llegan a representar la categoría

---

[4] Evolución Humana Consciente: El metamodelo del lenguaje. [actualizada el 26 de enero del 2010; acceso 20 de julio de 2015]. Disponible en: http://www.javiermalonda.com/ehc/el-metamodelo-del-lenguaje/

total. Por ejemplo: "Un perro me mordió cuando era niño, entonces creo que todos los perros son malos y me van a morder".

ELIMINACIÓN: es un proceso mediante el cual el cerebro va seleccionando la información que recibe, tomando parte de ella y descartando el resto. Este proceso, en ciertos casos, es beneficioso pero también puede ser causal de sufrimientos.

DISTORSIÓN: este proceso nos permite hacer cambios en la experiencia que resulta de los datos sensoriales percibidos. Posibilita, por ejemplo, la creación artística, la proyección en el futuro, la imaginación; pero también posibilita la interpretación errónea de un mensaje.

2.5.1 OBJETIVOS DEL METAMODELO

Partiendo de la existencia de violaciones en el lenguaje, el metamodelo nos aporta un conjunto de técnicas interrogativas y estrategias con la finalidad de:

- Detectar e identificar las generalizaciones, distorsiones y eliminaciones que la persona manifiesta en su lenguaje.
- Obtener un panorama del mapa mental de la persona y las limitaciones que aquel tiene.
- Detectar la información perdida en el proceso de derivación de la estructura profunda a la superficial.
- Conectar nuevamente a la persona con su experiencia primaria y con el "territorio" de donde tomó la experiencia.

2.5.2 LOS INCUMPLIMIENTOS DEL METAMODELO.

Vamos a ver, de manera más detallada, las violaciones que comúnmente se producen en el lenguaje y con qué interrogantes guiaremos al interlocutor para que clarifique, tome consciencia y asuma su responsabilidad sobre los hechos.

- GENERALIZACIONES: se clasifican en:

  1. Cuantificador universal: son palabras que indican la extensión a la que se refieren las generalizaciones. Se trata de expresiones que incluyen toda una gama de experiencias en un mismo significado. Ejemplos de violaciones más comunes y sus desafíos serían: Todos ¿Todos? Siempre ¿Siempre? Nunca ¿Nunca? Cada uno ¿Cada uno? Ninguno ¿Ninguno? Cada vez ¿Cada vez? Para siempre ¿Para siempre?
  2. Operador modal: incluye términos como "puedo", "no debo" y "tengo que", los cuales constituyen limitaciones acerca de personas o situaciones. Suelen referirse a creencias como: No puedo decírselo. ¿Quién te lo impide? Él debe hacerlo. ¿Qué pasaría si no lo hiciera?
  3. Pérdida de concreción: se trata de afirmaciones que dan por supuesto algo que no se especifica, con o sin la utilización te "tener que" o "deber que". Por ejemplo: no está bien discutir con la gente. ¿Quién dice que no está bien?

- ELIMINACIONES: se clasifican en:

  1. Omisión simple: en este caso parte del material ha sido eliminado de la frase. El objetivo del metamodelo es recuperar la información perdida. Ejemplos: Soy incapaz. ¿Incapaz de qué? Estoy más preparado ¿Más que quién? ¿Más que cuándo?
  2. Falta de índice referencial: se hace referencia a una persona, lugar o cosa sin especificarla concretamente. Aquí pretenderemos que se especifique el

índice referencial. Ejemplos: Gente. ¿Qué gente? ¿Quiénes específicamente? Esto/eso/aquello. ¿Qué específicamente?

3. Omisión de comparación: se realizan comparaciones sin referencia utilizando "mejor", "peor", "difícil", "fácil", "malo", "bueno", etc. Ejemplos: Mejor. ¿Mejor que qué o que quién? Peor. ¿Peor que qué o que quién?

4. Verbos inespecíficos: se refiere a la utilización de verbos que no clarifican el significado real de la frase. Por ejemplo: "Si empiezas otra vez, me voy". "¿Si empiezo con qué, cómo?".

- DISTORSIONES: las distorsiones se clasifican en:

1. Nominalizaciones: ocurren cuando se transforma un verbo en un sustantivo. El desafío consiste en hacer que el sujeto vuelva a utilizar el verbo activo para salir del estancamiento que supone un hecho consumado. Por ejemplo: "Necesito experiencia". "¿Qué es lo que necesitas experimentar?".

2. Modelo causal: son afirmaciones que unen dos o más situaciones de causa-efecto. El objetivo del metamodelo en este caso sería desarmar la estructura de causa-efecto. Por ejemplo: "Cuando lo veo me pongo mal". ¿Querés decir que el sólo hecho de verlo te pone mal?".

3. Lectura mental: engloban expresiones que denotan que el hablante "desentraña" pensamientos y estados internos de otras personas. Por ejemplo: "Yo sé lo que le conviene". "¿Cómo lo sabés?".

4. Equivalencia compleja: ocurre cuando dos experiencias diferentes y sin relación se unen para establecer una. Por ejemplo: "Me gustaría hacer deportes pero tengo que trabajar". "¿Querés decir que trabajar te impide hacer deportes?".

5. Presuposiciones: se trata de afirmaciones que basan su consistencia en un supuesto previo. Por ejemplo: "Si me comprendiera, no me trataría así". "¿Qué tiene que comprender? ¿Cómo es que te trata?".

2.5.3 CÓMO PREGUNTAR

Las preguntas son herramientas muy poderosas y decisivas para realizar cambios en las estructuras de los mapas mentales. Dependiendo de qué se pregunte y de cómo se pregunte, el cerebro tomará una dirección u otra. El impacto que producen es el siguiente:

- Cambio del foco de atención. Como consecuencia, se modifican las sensaciones internas.
- Vuelve la atención a las partes suprimidas de la estructura profunda.
- Las preguntas cambian los recursos de los que disponemos.
- Cuestionan las creencias limitantes y predisponen a la persona al cambio.

El último punto considero es el más significativo ya que manifiesta la importancia y el poder del metamodelo en relación con la generación de cambios en las personas.

Haciendo referencia al trabajo de *Robert Dilts*, entrenador y consultor en el área de la programación neurolingüística, en sus estudios sobre *Niveles Neurológicos*, impactar sobre las creencias dispara una sucesión de otros cambios en la persona como sus capacidades, sus conductas y finalmente la respuesta del entorno.

Para lograr el efecto mencionado en el párrafo anterior se requiere de la formulación de preguntas apropiadas. Las pautas a seguir para lograr una buena formulación son:

a) El objetivo o estado deseado debe ser planteado en positivo; es decir, no debe contener negaciones.
b) El logro del objetivo o estado deseado no debe depender de terceros.
c) Debe estar dentro de las capacidades, habilidades y medios del sujeto.
d) Debe ser ecológico: no debe generar perjuicios a terceros ni al propio sujeto.
e) Debe ser medible sensorialmente.
f) Resulta importante que la definición del objetivo sea específica, concreta y clara.

A continuación se detalla un esquema de preguntas, a modo de ejemplo, que cumplen con las condiciones de buena formulación.

- ¿Qué querés lograr específicamente?
- ¿Qué resultados esperás con ese objetivo?
- ¿Cómo vas a comprobar que has logrado el objetivo?
- ¿Qué vas a sentir, ver, escuchar, oler, saborear cuando hayas conseguido el objetivo?
- ¿Cómo, cuándo, dónde y con quién vas a hacerlo?
- ¿Cómo va a cambiar tu vida este logro? ¿Cómo va a afectarte?
- ¿Qué necesitás para lograrlo?
- ¿Qué podría dificultar o impedir que lo logres?
- ¿Qué estás dispuesto a dar, qué costo pagar, por lograr el objetivo?
- ¿Considerás que el objetivo lo vale?
- ¿Es ecológico para vos y para quienes te rodean?
- ¿Cómo podrás saber que te estás aproximando a tu objetivo?
- ¿Qué harías si detectaras que no te estás aproximando al objetivo?
- ¿En qué plazo prevés alcanzar el objetivo?

2.6 EL MAPA NO ES EL TERRITORIO

Este último tema del capítulo, y a modo de cierre, va a abordar el tema "el mapa no es el territorio". Es decir, veremos cómo dos personas pueden entender, o ver un mismo asunto, desde dos perspectivas completamente distintas. Se trata de ver cómo afecta la perspectiva de cada persona y entender cómo se puede interpretar una misma situación de manera distinta.

Uno de los principios básicos de la PNL es que el mapa no es el territorio. La primera persona en hablar de este concepto neurolingüístico fue *Alfred Korzybski*, un polaco conocido por su teoría en torno de la semántica general. Este término surgió durante la Primera Guerra Mundial cuando él y el grupo al cual lideraba cayeron en una fosa que, sorpresivamente, no figuraba en ningún mapa. De esa experiencia nació la idea de que "el mapa no es el territorio en sí mismo", aludiendo entonces a la idea de que nuestra realidad no es más que la representación que hacemos en nuestra mente sobre la realidad en sí misma, y no más que eso.

El mundo no es tal, y como nosotros lo percibimos, la realidad que vivimos es la que nosotros hemos creado debido a nuestra interpretación de la misma. Los seres humanos sólo podemos procesar parte de la información que nos llega. Si el cerebro procesa toda información, colapsa.

El cerebro se ve obligado a filtrar la información; esto quiere decir que de todas las cosas que vemos, sentimos, escuchamos y percibimos, solamente una parte es procesada. Además, esta información debe superar un filtro y cada uno dispone de sus propios filtros, los cuales varían en función de nuestras creencias, valores, intereses, preocupaciones y estado de ánimo. Todo esto modifica y da forma al mapa de la realidad que vivimos.

Este conjunto de filtros crea para cada uno un propio mapa del mundo. Algunos tienen tan fijados esos filtros distorsionadores en sus procesos mentales, que viven con una distorsión constante en muchas facetas de la vida, llegando a convertirse en graves problemas.

La comprensión de nuestros procesos mentales ayuda a la detección de esas distorsiones, y en eso la *PNL* es excelente.

De acuerdo a la teoría de *Alfred Korzybski*: **"El mapa no es el territorio. Nuestra realidad no es la realidad en sí, sino una representación que nosotros tenemos en nuestra mente sobre la realidad, y una representación es solamente eso, una manera de ver la realidad".**

Lo que aporta este principio de la PNL, en cuanto "el mapa no es el territorio", es la idea por la cual la gente toma las decisiones que cree conveniente según su forma de ver el mundo, según su mapa, según sus creencias y sus respectivos filtros.

Cada uno de nosotros tiene su propia verdad, no existe una verdad única. Cada uno tiene su forma de ver el mundo a través de su propio mapa. Tu realidad podrá ser muy parecida a la de otras personas y podrás estar de acuerdo en infinidad de cosas y situaciones; sin embargo, tu representación nunca será idéntica a otra.

Un ejemplo muy claro y sencillo de esta teoría es cuando se le pide a los testigos de un accidente que relaten lo sucedido. Ninguna historia es igual a la otra y, al fin y al cabo, todos vivieron la misma situación. Esto se debe a que cada uno representara la realidad de ese momento a su manera, de acuerdo con su propio mapa.

2.6.1. MI ESTADO ANÍMICO, ¿AFECTA MI MAPA?

Nuestro estado anímico influencia la calidad y claridad de nuestro mapa. Si tenemos pensamientos negativos y nos estamos centrando de forma continuada en ver el "vaso medio vacío", nuestro cerebro se centrará en lo negativo.

Una forma de no afectar el mapa es alejarnos de las personas tóxicas de nuestro entorno. También es aconsejable controlar la fisiología. Si incorporamos información positiva y alegre a nuestras vidas, nuestros mapas cambiarán en consecuencia y veremos las cosas de otro modo; estaremos de mejor humor y será posible ver soluciones donde antes solamente veíamos problemas. Nuestro estado anímico, nuestro mapa, estará absolutamente ligado con nuestro crecimiento personal.

2.6.2 ANÉCDOTA DE ALFRED KORZYBSKI

Cierta vez, *Korzybsky* tenía que dar una conferencia a un grupo de estudiantes y el lingüista eligió hacer una demostración bastante graciosa, a modo de práctica. En un momento dado, el polaco decidió interrumpir su conferencia para sacar un paquete de galletas que se encontraba envuelto en un papel blanco, y se excusó explicando que prácticamente no había tenido tiempo de comer.

El conferencista preguntó a los asistentes de los asientos delanteros si querían comer una galleta y varios de ellos aceptaron. Empezaron a masticar tranquilamente hasta que *Korzybsky* destapó el envoltorio blanco que cubría la caja... ¡Eran galletas para perros!

Varios de los asistentes salieron apurados de la clase, tapándose la boca y con arcadas, al descubrir lo que estaban masticando, cuando minutos atrás habían estado saboreando gustosamente el alimento. Lo que pasó es que cambiaron radicalmente sus mapas. *Korzybsky* dijo: "Vean, señoras y caballeros, acabo de demostrar que la gente, además de comer galletas, come también las palabras, y que el gusto de lo primero es superado a menudo por el gusto de lo último".

Con su pequeña broma, *Korzybsky* demostró que muchas veces el sufrimiento humano se origina debido a las representaciones lingüísticas de la realidad.

2.7 APORTES

Durante el cursado de coaching en Miami conocí una herramienta que considero bastante útil. En mi caso en lo particular, la utilizo desde que la descubrí, y la verdad es que me ha sido de mucha ayuda. Se trata de una herramienta cuya función es reprogramar nuestra cabeza y eliminar de nuestro vocabulario las palabras que no ayudan. Las palabras que propongo eliminar son DEBO, TRATO, PERO y TENGO.

Las palabras DEBO y TENGO suponen un carga en nuestra vida. Obstaculizan la concreción de nuestras metas. Por otra parte, la palabra PERO invalida todo lo dicho anteriormente y, si empiezan a escuchar las conversaciones a su alrededor, notarán que somos los reyes del PERO. Por último, la palabra TRATO no habla más que de un intento: el que trata de hacer algo, realmente no hace nada. Hay que tomar las riendas y empezar a hacer, empezar a actuar.

Para completar esta herramienta es necesario que, al momento de pronunciar una de estas palabras, realices un "anclaje", algo que forma parte de la Programación Neurolingüística (PNL). Se trata de la asociación automática entre un estímulo y una respuesta emocional. Por ejemplo: cuando conduzco y veo que el semáforo está en rojo, paro. Esto simplemente demuestra que nuestra mente se puede transportar del "aquí y ahora" en cualquier momento y revivir visual, auditiva y kinestésicamente cualquier situación pasada.

Anclar es asociar, por lo que podemos aprender a unir conductas de excelencia por medio de señales, las cuales pueden ser palabras, gestos y sonidos, entre otras. El anclaje puede consistir en morderte la lengua cada vez que pronuncies alguna de estas palabras o, aún más interesante, en poner cierta cantidad de dinero en una alcancía o frasco cada vez que se pronuncia alguna de estas cuatro palabras.

Es bueno realizar la metodología descripta en las últimas líneas, en forma lúdica, con tu pareja, familia o amigos. Con lo recaudado se puede realizar alguna acción como, por ejemplo, establecer el fondo para un viaje, una cena o bien una ayuda caritativa a alguien que lo necesite.

2.8 CONCEPTOS CLAVES DEL CAPITULO II

- Las palabras tienen un poder majestuoso. Sé cuidadoso al hablar.
- Recordá no tomar el rol de víctima; no vas a tener control de tus actos.
- Sé responsable frente a las situaciones de la vida. Tomá el timón.
- Entendé que todos tenemos una percepción distinta sobre una misma situación.
- Abrí tu cabeza y comprendé que no todos pensamos ni actuamos de la misma manera; no juzgues.
- Eliminá las palabras DEBO, TENGO, PERO Y TRATO.
- Evitá cargar tu mente de información negativa.

Incorporá actividades que promuevan el buen humor como el deporte, debido a la liberación de endorfinas que provoca el ejercicio físico, u otro tipo de actividades en grupo.

CAPITULO III

CUANDO NOS AUTO SABOTEAMOS

"Deja ir a personas que solo llegan
para compartir quejas,
problemas, historias desastrosas,
miedo y juicio de los demás.
Si alguien busca un cubo para echar su
basura, procura que no sea en tu mente"
Dalai Lama

En muchas oportunidades nuestra mente emite comentarios como: Ayer estuvo lloviendo toda la tarde, o Ayer fue un día espantoso, creemos que estamos diciendo aparentemente lo mismo, pero en realidad son profundamente diferentes. En el primer caso estamos hablando de un hecho objetivo y contrastable, en el segundo estamos dando una opinión, un punto de vista personal y subjetivo. En nuestro lenguaje habitual emitimos constantemente sentencias de este tipo, algunos son hechos contrastados y objetivos. Otras muchas son juicios subjetivos.

3.1 ¿QUÉ ES UNA CREENCIA?[5]

Las creencias son un sentimiento de certeza sobre el significado de algo. La creencia no necesariamente es verdadera, pero nosotros creemos que sí. Solemos creer que todo el mundo tiene las mismas creencias que nosotros y no nos damos cuenta que el sistema de creencias y valores es algo exclusivamente personal y seguramente distinto al de otras personas. Vivimos en una elaboración mental de lo que creemos.

Como personas nos cuesta mucho soltar una creencia y cambiarla. Esto sucede porque, en su momento, esa creencia tuvo una razón de ser. Las creencias no son malignas ni existen para amargarnos la vida. Cuando se crearon, fueron útiles para nosotros para sobrevivir, para protegernos de cierta realidad que no queríamos ver. Preferimos creer en cualquier cosa que podemos modificar. Por ejemplo: una niña prefiere creer que ella hace las cosas mal y que por este motivo su padre la maltrata, antes de pensar que su padre no la quiere. Pensando así, cuenta con la posibilidad de cambiar y decidir comportarse de otra manera.

Las creencias se forman a partir de ideas que confirmamos o creemos confirmar con nuestras experiencias personales. Cuando ya una creencia se instala de forma sólida, nuestra mente no tiene en cuenta, o elimina, todas aquellas experiencias que contradicen a nuestra creencia. Nos volvemos ciegos, sólo vemos en nuestro entorno las experiencias o ejemplos que nos afirman nuestra creencia; todo lo contrario lo ignoramos.

Cuando tenemos una creencia, ninguna evidencia ambiental o conductual puede cambiarla, pues las creencias no están basadas en la realidad. Para que esto quede claro

---

[5]   Dilts, Robert: Cómo cambiar creencias con la PNL. 2da. edición. Málaga, España. Editorial Sirio, S.A; 2000.

vamos a ver el ejemplo de un niño a quien, en su infancia, le dijeron que era tonto. Él creyó estoy creció revalidando cada momento en el cual realizó, de acuerdo con su aprendizaje, algo tonto. Si por el contrario el niño hiciese algo inteligente, pensaría que es una cuestión de suerte.

Las creencias son una fuerza muy poderosa dentro de nuestra cabeza: si alguien cree que puede hacer algo, lo hará; si cree que es imposible hacerlo, ningún esfuerzo que haga le permitirá lograrlo. Nuestras creencias pueden determinar nuestro grado de inteligencia, nuestra salud, nuestra creatividad, la manera en que nos relacionamos, incluso nuestro grado de felicidad.

3.2 ¿DÓNDE SE ENCUENTRAN LAS CREENCIAS?

La psiconeuroinmunología, dedicada a las interrelaciones mente-cuerpo y sus implicaciones clínicas, está estudiando la relación que existe entre lo que pensamos y cómo nos sentimos. Hasta ahora sabemos que cada pensamiento produce una reacción bioquímica en el cerebro y que ésta descarga señales químicas y eléctricas que actúan como mensajeros del pensamiento, generando emociones.

El mayor porcentaje de creencias que sostienen nuestro sistema de pensamiento opera desde el inconsciente. La mente consciente procesa sólo el 5% de nuestra capacidad mental, mientras que el inconsciente procesa el 95% restante.

A lo largo del tiempo, los distintos estudios han podido identificar las diferentes frecuencias de vibración de las ondas cerebrales, según las variaciones del estado de vigilia. Cuando las ondas cerebrales vibran entre los siete y los 14 ciclos por segundo, el cerebro se encuentra en un estado propicio para la sugestión, el aprendizaje y la implantación de nuevas ideas; se trata de la fase alfa.

En adultos, la actividad eléctrica neuronal está relacionada con al menos cinco estados de consciencia diferentes, y cada uno se encuentra asociado con un nivel de advertencia:[6]

- Ondas Beta: son las ondas en las cuales pasamos la mayor parte del tiempo cuando estamos despiertos. Se registran cuando la persona está despierta y en plena actividad mental. Se puede decir que es el estado normal del cerebro mientras estamos despiertos. Por ejemplo, ahora que estás leyendo este libro.
- Ondas Alfa: tienen una frecuencia más baja que las Beta. Están relacionadas con estados de relajación y se registran antes de dormir o en el momento en que despertamos. Son momentos en los cuales sentimos relajación, despreocupación, optimismo.
- Ondas Theta: se producen normalmente durante el sueño. También puede producirse en meditación yoga. Es una relajación profunda que se acerca al sueño; ahí estamos conectados con nuestro subconsciente. En este estado podemos obtener memoria plástica, mayor capacidad de aprendizaje, fantasía, imaginación, creatividad.
- Ondas Delta: representan el sueño profundo. Se registra poca o nula actividad consciente. El cuerpo utiliza este estado para renovarse.

Se ha comprobado que las ondas cerebrales pueden ser estimuladas para que produzcan cambios en el estado mental de una persona, lo cual puede ayudar significativamente a una gran variedad de factores relacionados con la mente.

---

[6]   Psicología de la percepción visual: Las ondas cerebrales. [acceso 5 de agosto de 2015]. Disponible en: http://www.ub.edu/pa1/node/130

Estas creencias también surgen a partir de lo que nos han dicho; son palabras que vienen de maestros, padres, hermanos y medios de comunicación. Se captan y se esconden en nuestro subconsciente; tienen una repercusión extraordinaria y muchas veces es difícil acceder a ellas. La cultura a la que pertenecemos determina las formas bajo las cuales debemos actuar para alcanzar aquello que es deseable en la sociedad.

Sin que los padres lo sepan, sus palabras y acción han sido grabadas en la mente de sus hijos y, como el trabajo de la mente es encontrar una relación entre lo vivido y las creencias, se generan conductas que nos afirman nuestras percepciones o creencias.

La creencia tiene que ver con la educación y con la primera infancia. Por este motivo tomamos como cierta cualquier cosa que nos hayan dicho o hayamos aprendido en ese momento. Veamos el ejemplo de un niño pequeño que está jugando con su hermanita y comienzan a pelear por un juguete. El niño, enojado, tira el juguete y golpea su hermana menor. Automáticamente, la niña comienza a llorar; vienen los padres, la consuelan y le gritan al niño que es muy malo y que siempre se porta mal. Finalmente, lo castigan. Este niño puede crecer con el convencimiento de que es una mala persona y que siempre hace todo mal. Creamos tu realidad sobre la base de nuestras creencias y valores. Las cosas no son como son, sino como somos nosotros.

Los niños pasan la mayor parte del tiempo, hasta los siete años de edad, en un mundo entre lo imaginario y lo real, en ondas Delta - Ttheta. En consecuencia, aprenden las percepciones fundamentales de la vida antes de tener la capacidad de elegir o rechazar. Son verdades incuestionables, todo lo que se escucha puede ser grabado.

Lo anterior quiere decir que venimos programados, pero no hay que salir a buscar culpables porque cada ser humano da, de sí mismo, lo máximo que puede en cada momento dado. Cuando nuestros padres se comportan de determinada manera o dicen algo, es lo mejor que podían hacer en ese momento, por lo tanto no vale la pena culpar a nadie ni guardar rencor.

Se le llama programación porque no podemos elegir, no tenemos elección. De niños no tenemos ese pensamiento crítico que cuestiona, por lo que lo aceptamos. En ese momento es lo que nos conviene para adaptarnos. Todo tiene su sentido en la vida y nada es negativo. **Hoy tenemos la opción de descubrir nuestras creencias y cambiarlas.**

A lo largo de nuestras vidas, a todos nos tocó enfrentarnos y vivir distintas situaciones que fueron formando nuestro comportamiento. Tal es así, que si una niña es abusada de pequeña, tal vez crezca con la creencia de que es normal que los hombres maltraten a las mujeres.

3.3 ¿QUÉ SON LOS JUICIOS?[7]

El juicio siempre vive en la persona que lo formula. Son opiniones acerca de los comportamientos o acciones de otras personas.

"Lo que dice Juan de Pedro, dice más de Juan que de Pedro".

Decimos que un juicio puede ser válido o inválido, pero nunca podrá ser verdadero o falso, como ocurre con los hechos. Aceptamos la validez de un juicio en función de la autoridad que le damos a la persona que lo emite.

Un juicio puede ser fundado o infundado, en la medida en que está basado en experiencias que proceden del pasado y que lo avalan. En cierta medida, un juicio es como un veredicto: cuando lo emitimos creamos una nueva

---

[7] Definicion.de: Definición de juicio. [acceso 05 de agosto de 2015]. Disponible en: http://definicion.de/juicio/

realidad que solo existe en el lenguaje. Cuando juzgamos que "Roberto es un maleducado", estamos abriendo nuevas posibilidades de realidad que afectarán seguramente el futuro de Roberto. Por eso, decimos que los juicios se generan en el pasado, se emiten en el presente y se diseñan el futuro.

Podemos decir que los juicios son la raíz del sufrimiento humano, ya que el sufrimiento no surge de lo que nos ocurre (los hechos) sino de las interpretaciones que hacemos de lo que nos ocurre (los juicios).

La mayoría de nosotros emitimos juicios como automatismos sociales y tenemos que aprender a cuestionarlos y revisar la autoridad que le damos. El ser humano que logra acceder a todo su potencial de **libertad** es aquel que aprende a **enjuiciar sus juicios**.

Los términos juicios y creencias son básicamente iguales. Utilizamos una pequeña distinción al considerar la creencia como un tipo de juicio que está arraigado en el subconsciente.

El concepto creencia se aplica a las opiniones de carácter más profundo que, durante años, han configurado nuestras acciones y nos han impulsado en determinada dirección. Generalmente omitimos juicios sobre otras personas y las creencias son sobre nuestra persona o sobre una situación en particular.

3.4 NUESTRAS CREENCIAS LIMITANTES

Si creemos que somos capaces, que es posible y lo merecemos, lo vamos a lograr; de lo contrario, no vamos a alcanzar nuestras metas. Vamos a nombrar un ejemplo de una persona muy conocida: Lionel Messi. Al principio de su carrera, debido a un problema severo en su crecimiento, pocos creían que fuera capaz de lograr el éxito. Tanto es así que en el Club Atlético River Plate de Argentina le negaron la posibilidad de ingresar a las categorías inferiores. Sin embargo, su sueño fue más fuerte que su limitación y se trasladó a España para probarse en uno de los clubes más importantes del país, el Barcelona. Allí, quien lo probó no dudó un instante en contratarlo. Hoy en día, Messi es reconocido como el mejor jugador de fútbol del mundo.

Estas creencias son las que llamamos **limitantes** porque frenan o impiden el desarrollo y el aprendizaje. Operan con tal fuerza que llegan a convertirse en profecías auto cumplidas.

Una manera de detectar estas creencias limitantes es observando nuestras reacciones y sensaciones. Si ante una determinada situación nuestro cuerpo se tensiona o se angustia, es probable que estemos frente a una creencia limitante. Es entonces donde debemos detenernos a analizar qué estamos pensando, qué nos está diciendo la mente.

Siempre hay que indagar las creencias limitantes antes de forjar una meta, ya que pueden estar conectadas con esta. Si creo que no lo merezco, no voy a alcanzarlo. También puede suceder que creamos en nuestra capacidad, veamos la posibilidad y pensemos que lo merecemos, entonces hacemos el plan de acción pero siempre nos ocurre algo que nos impide alcanzar la meta. Por lo general, el obstáculo es creencia limitante que tenemos en el subconsciente.

Si me propongo adelgazar 10 kilos, voy al nutricionista y empiezo el gimnasio, puede pasar que baje tres kilos y luego te estanque. Como resultado, me frustro; vuelvo a comer más de lo necesario y subo nuevamente al peso inicial. Tal vez haya una creencia más profunda que instala la idea "soy gordo/a", o "hacer dieta es aburrido, no puedo disfrutar".

Antes de plantearte cualquier meta es importante que le prestes mucha atención a tres aspectos fundamentales:

capacidad, posibilidad y merecimiento. Si logramos reemplazar esto en positivo, pueden ser nuestros mejores aliados; caso contrario, se convierten en enemigos.

Las creencias limitantes de nuestra mente suelen distinguirse en tres tipos fundamentales y ejercen una gran influencia a la hora de limitar la capacidad de desarrollo de las personas:

- Las relacionadas con la desesperanza: "Haga lo que haga, nada cambiará, no vale la pena esforzarse".
- Las que tienen que ver con los sentimientos de impotencia: "NO puedo, yo no soy capaz de conseguir eso, eso está fuera de mi alcance".
- Las de ausencia de mérito: "No me lo merezco, esto no está mi altura".

Las creencias más difíciles de cambiar son las creencias de identidad, ya que forman parte de nuestra esencia, engloban causa, significado y límite. Cuando cambiamos este tipo de creencias, de algún modo nos convertimos en una persona distinta.

No es lo mismo creer que no soy capaz de aprender a hablar inglés que creer que soy tonto. Esta última creencia tiene que ver con la identidad; estoy emitiendo un juicio y formando una creencia sobre mi identidad.

Las creencias limitantes se forman a través de un lenguaje característico y tiene que ver con lo que la persona puede o no hacer, debe o no hacer. "Yo soy así"; hablan desde el "soy". Éstas afirmaciones indican creencias de identidad.

A modo de prueba, basta con preguntarle a un familiar por qué no logró tal o cual cosa. Cuando preguntamos el porqué de las cosas, empiezan a aparecer justificaciones; pero si escuchamos atentamente la respuesta, pueden aparecer un montón de creencias limitantes.

La verbalización es muy importante porque la palabra es muy poderosa: el verbo se convierte en acción. Si el pensamiento es poderoso, cuando le ponemos palabra multiplicamos ese poder. Mientras más repito algo, mientras mayor es la convicción, más probabilidades existen que así sea.

Las creencias limitantes nos llevan a auto sabotearnos en alguna de estas formas:

- Diálogos internos negativos: "Si la vecina, quien es mejor que yo, no pudo lograrlo, yo no podré".
- Declaración de incompetencia o manifestación negativa: "No entiendo nada".
- Poner excusas por adelantado: "Lo voy a intentar, pero tené en cuenta que soy muy pequeña".
- Sentirse culpable por el fracaso de los demás: "Yo pude quedar embarazada y mi hermana no puede tener hijos. Eso me produce culpa".

La incongruencia es la causa de que algunos comportamientos sean muy difíciles de cambiar. Una parte de mí quiere cambiar, pero otra, a menudo inconsciente, disfruta de algún beneficio de esto y no quiere cambiar. Entonces, si este beneficio es mayor a lo que yo quiero para cambiar la creencia, ésta no cambia y podemos tener un resultado a corto plazo y después volver a lo mismo.

La incongruencia sabotea las metas. Para lograr un cambio necesitamos estar en congruencia.

3.5 CÓMO PODEMOS MODIFICAR NUESTRAS CREENCIAS

Una vez identificada la creencia que está alterando nuestro bienestar, podemos optar por aplicar alguna de las técnicas a continuación para cambiar y modificarla.

3.5.1 CAMBIAR CREENCIAS CON PNL[8]

La programación neurolingüística (PNL) se concentra en la forma en que las estructuras neurológicas operan a las personas, situaciones y experiencias. Fundamentalmente opera a través de los sentidos visuales, auditivos y kinestésicos.

En su libro "Cómo cambiar creencias con la PNL", el especialista estadounidense **Robert Dilts** propone una técnica que logra congruencia tanto a nivel identidad como a nivel creencia. Se trata de lograr que el "yo nuevo", obtenido del cambio de creencia, y el "viejo yo", estén integrados.

La idea central radica en que la persona descubra que sus dos "YO" comparten los mismos valores y no son identidades diferentes. Por lo general, nos cuesta mucho desprendernos de nuestras creencias limitantes y es por eso que resulta conveniente hablar de modificar conductas o creencias y no eliminarlas. Desde la modificación las personas se prestan a mejorar.

Otra forma de modificar una creencia es al utilizar afirmaciones positivas. Las repeticiones sucesivas de un pensamiento positivo y potenciador pasan luego al subconsciente y se instalaran allí.

Nunca debemos usar la negación o preocuparnos por lo que no queremos. Esto es así porque el cerebro no entiende la palabra "no" como una negación. Si sólo pienso en eso termino por atraer lo que no quiero. Por ejemplo: si afirmo que "NO quiero trabajar en el área de ventas", el cerebro al no comprender la palabra NO atraerá un trabajo en esa área, en lugar de alejarlo. Siempre debemos realizar afirmaciones en positivo; en este caso sería más acertado pensar o decir "Quisiera trabajar en el área de marketing", por ejemplo.

---

[8] Dilts, Robert: Cómo cambiar creencias con la PNL. 2da. edición. Málaga, España. Editorial Sirio, S.A; 2000.

La clave para obtener resultados está en la repetición. Está comprobado que se precisan 21 días para generarse de un nuevo hábito. Por lo tanto, invito al lector a que cambie y pronuncie por esta cantidad de días algo positivo sobre su persona. Esta máxima está basada en un libro publicado en 1960 por el cirujano plástico *Maxwell Maltz*. En su libro cuenta que a los pacientes amputados les toma 21 días adaptarse a la pérdida de una extremidad.

La visualización es uno de los métodos más poderosos. Es el proceso por el cual nos imaginamos alcanzando lo que nos habíamos propuesto. Consiste en utilizar nuestra imaginación para crear en nuestra mente una representación de algo que deseamos que se manifieste.

Esta técnica se basa en la idea de que el pensamiento y los sentimientos generan campos magnéticos que tienden a atraer vibraciones semejantes. ¿Nunca les pasó de estar pensando en alguien y encontrarse a esta persona por la calle o que llame por teléfono ese mismo día?

La última herramienta que considero muy útil para cambiar una creencia es el actuar como si ya no tuvieras esa creencia limitante. Se trata de actuarlo con el cuerpo y con toda la actitud, como si realmente no existiera.

El subconsciente no es capaz de diferenciar lo real de lo imaginario, por lo que si actuamos de determinada manera, con el tiempo nuestra mente lo tomará e incorporará como propio. Mientras estudiaba en Miami, en la academia, su director Jeff García una vez nos dijo: "Cuando alguien está convencido, no necesita que nadie lo motive". "Comienza fingiendo y termina siendo".

Cuando una mujer tiene su primer hijo y se convierte en madre debe comenzar fingiendo. Nadie viene al mundo sabiendo ser madre; en el momento en que nacen sus hijos comienza fingiendo que es una madre, aprendiendo de sus errores, hasta que su cabeza se convence de que ya lo es.

Estas influencias de la mente también son importantes en procesos curativos:

- Efecto placebo: consiste en píldoras que no tienen ninguna droga. En Inglaterra se realizó un estudio en el cual se tomó como muestra a un conjunto de personas con gripe y se le recetó una pastilla que no producía ningún tipo de efecto, algo que ellos no sabían. Al cabo de unos días, las personas se mejoraron por sus creencias o pensamientos. Los pensamientos positivos pueden curar una enfermedad o síntoma. Para causar efecto, incluso los verdaderos medicamentos necesitan que se crea en ellos.
- Efecto nocebo: se trata de la teoría opuesta al placebo. En Estados Unidos, un médico confundió los estudios de sus pacientes y le dijo a Martin, uno de ellos, que estaba enfermo de cáncer. Con el transcurrir de los días, este empezó a empeorar. Una semana más tarde el medico lo citó a su consultorio para darle la buena noticia de que los estudios habían sido cambiados y que no padecía cáncer; pero Martin ya lo había generado. Las creencias negativas pueden generar una enfermedad.

3.6 APORTES

Un buen aporte que nos regala el coaching, en cuanto a creencias, es la necesidad de escuchar las conversaciones internas y externas de cada uno. Nos sugiere que prestemos mucha atención a las frases que comienzan con: "yo soy", "creo que", "tengo que", como también aquellas que responden a las generalizaciones.

Una vez que se identifica alguna de estas frases o generalizaciones, es preciso preguntarnos: ¿Cómo llegó este pensamiento? ¿Por qué creo eso? Y luego se debe comenzar a hacer lo más importante: cuestionarla, presionarse a sí mismo y hacerse preguntas como: ¿Estoy totalmente seguro de que es así?, ¿siempre fue así?

Cuando empezamos a debilitar nuestras creencias, nos encontramos en el momento justo para incorporar una nueva creencia que cambie la anterior. Como mencioné anteriormente en este capítulo, el mejor momento para comunicarnos un pensamiento positivo es justo antes de dormir o al despertar. La mente subconsciente sigue procesando información incluso mientras dormimos. Cualquier mensaje que enviemos en ese momento quedará guardado en el subconsciente y se procesará a medida que se repita con mayor frecuencia.

Implementar todas estas técnicas de coaching ayuda a observar todos los pensamientos negativos que es posible tener durante el día y ve cómo nos saboteamos con nuestras conversaciones internas cuando queremos lograr algo. Si se cuenta con la posibilidad de acudir a un coach, esta sería la mejor opción, ya que éste o ésta será quien podrá guiarte para descubrirlas, y lo que es más importante, quien te podrá orientar en la búsqueda de nuevas creencias posibilitantes para incorporar a tu vida.

3.7 CONCEPTOS CLAVES DEL CAPITULO III

- El sistema de creencias y valores es algo exclusivamente personal y seguramente distinto al de otras personas.
- Nos cuesta mucho soltar una creencia y cambiarla porque en su momento esa creencia tuvo una razón de ser.

- Las creencias no están basadas en la realidad.
- Creamos nuestra realidad sobre la base de nuestras creencias y valores.
- La creencia tiene que ver con la educación y con la primera infancia.
- Los juicios son opiniones acerca de los comportamientos u acciones de otras personas.
- Las creencias limitantes nos frenan o impiden el desarrollo y el aprendizaje.
- Las creencias más difíciles de cambiar son las creencias de identidad.
- Las creencias limitantes nos llevan a auto sabotearnos.
- Sí podemos cambiar nuestras creencias limitantes.

CAPITULO IV

EL IMPULSO DE LAS CRISIS

"En los momentos de crisis,
solo la imaginación es más importante
que el conocimiento"
Albert Einstein

4.1 ¿QUÉ SON LAS CRISIS?

La definición de CRISIS del diccionario de la Real Academia Española corresponde a un "momento decisivo de un negocio grave y de consecuencias importantes".[9]

Una crisis es un acontecimiento que nos invita a realizar un cambio profundo o una modificación. Sin embargo, existen dos posturas posibles frente a una determinada crisis: la primera es paralizarnos por el miedo que nos genera, aceptarla como un peligro inminente. La segunda posibilidad es interpretarla como hacen los chinos, como una nueva oportunidad. La forma en que la vivamos dependerá de nuestra interpretación y actitud.

Carla es una mujer que llevaba casada más de 15 años con el mismo hombre. Este era un hombre de un alto poder

---

[9] Definicion.de: Definición de crisis. [acceso 25 de julio de 2015]. Disponible en:http://definicion.de/crisis/#ixzz3i4LopLDV

adquisitivo, por lo cual ella nunca tuvo la necesidad de salir a trabajar. Luego de que su marido la dejara por su secretaria, ella entró en una crisis profunda ya que no sabía cómo iba a sobrellevar toda esta situación. Al cabo de unos meses una amiga la invitó a oírla cantar en un bar; Carla recordó cuánto disfrutaba cantar cuando era soltera. Comenzó clases de canto y hoy disfruta de sus salidas con nuevas amigas y también se unió a un grupo de corredores cerca de su casa. Carla volvió a sentirse una mujer plena y feliz como en sus años de soltería. Había perdido toda su libertad durante el matrimonio y supo aprovechar esta crisis para convertirla en una oportunidad para renovarse.

Las crisis son como una tormenta, a veces entramos en ellas conscientemente; a veces llegan a nosotros porque las llamamos. A veces, nosotros mismos nos acercamos a ellas sin saber lo que estamos haciendo; en otras ocasiones esperamos, sin hacer nada, y éstas simplemente llegan para revolcarnos.

De cualquier forma, la tormenta no llega nada más para molestarnos o arruinarnos la vida. Llega porque una parte de nosotros la llamó, quizás no conscientemente, pero sí desde nuestros esquemas inconscientes, esos que le dan dirección a nuestras vidas, queramos o no. Como dice la reconocida frase, "después de la tormenta siempre sale el sol".

Cualquier crisis que atravesamos a lo largo de la vida, es algo que nosotros mismos generamos, ya sea para despertarnos y movernos del lugar donde estamos sentados, o para hacernos ver que necesitamos tomar una dirección concreta, en lugar de caminar por inercia.

Una persona puede atravesar distintas clases de crisis. Una de las más comunes es la de salud, que tiene lugar cuando se experimenta un cambio importante en el curso de una enfermedad, como cuando una persona es diagnosticada con alguna enfermedad terminal. También puede ocurrir cuando una persona cercana a nosotros es diagnosticada con una enfermedad.

Se hace referencia a una crisis de nervios cuando un sujeto pierde el control de sus emociones; esto ocurre, generalmente, ante una situación de estrés: "La madre de la víctima sufrió una crisis de nervios al enterarse del accidente de su hijo".

Otro momento de crisis suele aparecer al alcanzar una cierta edad; se habla de la crisis de los 30 años, de los 40 o de los 50, y se refieren a la dificultad que significa enfrentar y aceptar los cambios propios de cada etapa de la vida.

Si bien es cierto que muchos envejecen sin prestarle atención a estas cuestiones, y disfrutando del día a día, el cuerpo y la mente sufren modificaciones progresivas, por lo general irreversibles, que afectan a aquellos que no soportan desprenderse definitivamente de las cosas.

Es importante entender como concepto principal que hay que vivir al 100% cada crisis que nos toca enfrentar en nuestras vidas, porque así es posible revertirla y entender el mensaje que nos trae, convirtiendo las crisis en una anécdota de superación.

4.2 LOS MIEDOS DETRÁS DE LAS CRISIS

Para terminar de comprender qué es una crisis, necesitamos saber que estas nacen de un miedo profundo; es decir, si una persona entra en crisis porque el médico le diagnostica una enfermedad terminal, el verdadero significado de esa crisis es el miedo que tiene esta persona a morir.

La palabra miedo proviene del término latino "metus". Consiste en una alteración del ánimo que produce angustia ante un peligro o un eventual perjuicio, ya sea producto de la imaginación o propio de la realidad.

El miedo resulta desagradable para quien lo padece. Esta emoción, sin embargo, también funciona como un método de supervivencia que pone en alerta a personas y animales frente a una amenaza. De esta manera, un gato que siente miedo por los perros, huirá apenas advierta la presencia de su depredador. Algo similar hará un hombre que, al ver un asalto, elija ponerse al resguardo por miedo a resultar herido.

Uno de los mayores miedos que solemos tener es el miedo al cambio o a lo desconocido; es en estos casos cuando surgen las crisis. Un coach es un gran compañero cuando decidimos hacer un cambio, ya que será nuestro apoyo en esos momentos en los que creemos que no lo vamos a lograr y queremos volver donde estábamos. Un coach nunca dejará que te rindas.

A finales de los años 90, y con la aparición de nuevas tecnologías, muchas empresas tuvieron la necesidad de cambiar. La mayoría de las personas sufrió una crisis ante algo tan nuevo y novedoso como el uso de las computadoras, herramienta que no sabían manejar. Fue en este momento cuando las personas que lograron adaptarse a los cambios siguieron trabajando, aprendieron a utilizar su nuevo sistema mejorando su rendimiento; tomaron esto como una oportunidad y aumentaron sus conocimientos. Por el contrario, aquellas personas que se opusieron al cambio -que fueron muchas-, perdieron sus trabajos sufriendo un gran resentimiento.

4.3 SUPERANDO LOS MIEDOS

Todos en esta vida tenemos miedos. Cada uno tiene un miedo distinto, como puede ser miedo a la soledad, miedo a no ser querido, a los gatos, al fracaso, a lo desconocido, al cambio, etc. En la encuesta que realicé para escribir este libro, se le consultaba al encuestado si se encontraba viviendo la vida que había soñado. El 55,7% de la muestra respondió en forma negativa, y probablemente sean estos miedos los que no le permiten llevar, a ese porcentaje, la vida anhelada.

La tarea principal para superar un miedo es admitir que existe, hacernos conscientes de este, más allá de la valentía que pueda caracterizarnos. Siempre existe algo que nos cuesta enfrentar.

Gonzalo era un joven que aseguraba no tener miedo a nada. Después de acudir a un coach descubrió que uno de sus mayores miedos era enfrentar a su padre y preguntarle por qué había actuado de determinada forma frente al divorcio con su madre. Pasó meses repasando mentalmente la charla en su cabeza, intentando imaginar los diálogos y las respuestas que obtendría. Lo único que obtuvo fue agigantar el problema. Un día, tomó la decisión de enfrentar a su padre y lo invitó a cenar. En medio de la cena, decidió preguntarle todo lo que necesitaba saber. Tuvieron un dialogo largo y fructífero, mediante el cual Gonzalo se dio cuenta de que su padre también necesitaba hacer su descargo. Desde ese día, Gonzalo no logra entender por qué tardó tanto tiempo en hacer algo que finalmente le resultó tan sencillo y gratificante.

Vivimos en una sociedad en la que, de niños -mayormente le ocurre a los varones-, nos exigen ser fuertes; nos repiten que los hombres no lloran y que no deben tener miedo. Hablamos de un mundo, una sociedad, en las cuales el miedo y la angustia están mal vistos. ¿Qué tan grande es este miedo? ¿Cuánto tiempo te llevaría enfrentarlo? Como hizo Gonzalo, te invito a visualizar el momento en que lo enfrentás.

Si temés a las arañas, podés comenzar por ver un dibujo de una. Cuando puedas ver esa caricatura y controles tu reacción, podés continuar por ver fotos de arañas reales. A medida que ganes confianza, superando cada etapa del proceso, vas a probarte a vos mismo que controlar tu fobia es posible. Esta irá disminuyendo hasta que ya no sientas más que un cosquilleo ante una circunstancia que antes resultaba extrema.

Una vez que logres visualizar tu miedo, podés empezar a considerar la oportunidad de afrontarlo. Imaginé el peor escenario posible. ¿Qué es lo peor que podría pasar? Comenzá a prepararte para lidiar con el fracaso. Afrontar un miedo es difícil y no siempre vas a salir victorioso. Probablemente tengas que afrontar tu miedo muchas veces antes de triunfar.

Comenzá siempre por ver el miedo como una oportunidad, una posibilidad de triunfo. Está comprobado que el 90% de las personas que logran afrontar sus miedos con una actitud positiva obtienen resultados extraordinarios, lo cual permite que sus vidas den un giro y se acerquen a sus metas dejando los obstáculos detrás.

4.4 RESOLVIENDO PROBLEMAS

Después de haber definido lo que es una crisis, haber interpretado los miedos y la manera de afrontarlos, me gustaría agregar mis conocimientos a este tema. A lo largo de varios cursos realizados, charlas y lecturas de libros, he resaltado las lecciones de coaching que me han sido útiles para solucionar problemas en mi vida.

"Cuando todo parezca estar en tu contra,
recuerda que los aviones despegan con
viento en contra". Henry Ford

- Cambiá la mentalidad de negativo a positivo. Si un jugador de tenis pierde una final, debe cambiar su mentalidad de fracaso y convertirlo en una posibilidad para entrar más duro y ganar el próximo torneo.
- Fingí que en realidad tu problema no es tan importante: sé que esto es difícil de implementar; sin embargo, hay que seguir con la vida cotidiana, salir a

cenar con amigos, ir a un concierto de rock, lograr que el problema no ocupe todo tu día.

- Tomate un descanso: hacé lo posible por relajar tu mente y no estar constantemente tratando de encontrar la solución. Está comprobado que la solución a los problemas aparece cuando la mente se encuentra dispersa. Salí a caminar y mirá los árboles, andá al cine; cualquier entretenimiento va a ayudar a que las respuestas aparezcan.
- Comunicate. Por más que uno prefiera en estos momentos no hablar con nadie, buscá personas de tu confianza para dialogar sobre tu problema. Muchas veces, al expresarnos y abrirnos, comienzan a surgir posibles soluciones; además, por lo general las miradas externas son positivas.
- Fijá un plazo: lo ideal es fijar fechas de vencimiento para no pasar años enteros encerrados en el mismo problema. Esto te va a ayudar a no seguir perdiendo energías en un asunto y poder enfocarte en tus verdaderos objetivos para alcanzar el éxito.

4.5. CAETE SIETE VECES, LEVANTATE OCHO

Según la American Psychological Association (APA)[10], organización científica y profesional de psicólogos estadounidenses, la "resilencia" es el proceso por el cual es posible adaptarnos a la adversidad, a un trauma, tragedia, amenaza, o fuentes de tensión significativas, como problemas familiares o de relaciones personales, problemas serios de salud o situaciones estresantes del trabajo o financieras. Significa "rebotar" de una experiencia difícil, como si uno

---

[10] American Psychological Association: El camino a la resilencia. [acceso 10 de agosto]. Disponible en: http://www.apa.org/

fuera una bola o un resorte, fortalecerse y obtener como resultado una situación que supera a la anterior.

La investigación ha demostrado que la resilencia es ordinaria, no extraordinaria. La gente comúnmente demuestra resilencia. Un ejemplo es la respuesta y reacción de las personas en los Estados Unidos ante los ataques terroristas del 11 de septiembre de 2001; nos referimos a sus esfuerzos individuales para reconstruir sus vidas.

La persona resiliente no deja de experimentar dificultades o angustias. El dolor emocional y la tristeza son comunes en las personas que han sufrido grandes adversidades o traumas en sus vidas. De hecho, el camino hacia la resilencia probablemente está lleno de obstáculos que afectan nuestro estado emocional.

La resilencia no es una característica que la gente tiene o no tiene. No es una cualidad o característica personal. Se trata de conductas, pensamientos y acciones que pueden ser aprendidas y desarrolladas por cualquier persona.

4.5.1 COMPONENTES DE LA RESILENCIA

Un estudio realizado por la APA nos enseña cuáles son los componentes más influyentes de la resilencia y las personas podemos desarrollar:

- Tener relaciones de cariño y apoyo dentro y fuera de la familia.
- Capacidad para hacer planes realistas.
- Visión positiva y confianza en uno mismo.
- Destrezas en la comunicación y solución de problemas.
- Capacidad para manejar sentimientos e impulsos fuertes.

4.6 FAMOSOS CASOS DE RESILENCIA

A continuación voy a compartir dos casos muy emblemáticos e ilustrativos sobre la resilencia y por qué nos conviene hacerla parte de nuestras conductas y pensamientos. Aun teniendo una vida muy dura, podemos conseguir el mayor de nuestros éxitos. Todas las lecciones de coaching te van a ayudar a ser una persona resilente.

Nelson Mandela, activista sudafricano que luchó contra el Apartheid, fue una figura reconocida no sólo por su gran carisma y liderazgo, sino también por su capacidad para afrontar grandes adversidades a lo largo de su vida; es decir, lo reconocemos también por su resilencia personal.

La mayor adversidad que tuvo que afrontar quien fue presidente de su país entre 1994 y 1999, fue pasar 27 años en prisión por su rebelión contra el sistema de segregación racial en Sudáfrica y Namibia, entonces parte de Sudáfrica, sufrida hasta 1992. Sin embargo, el encierro no permitió que esto le causara una pérdida de ánimo, y a pesar de estar recluido en condiciones precarias, nunca dejó de ser agradecido con los celadores.

Esto no fue la única adversidad que tuvo que afrontar el político: la muerte de su hijo, a causa del sida, el asesinato de su nieta en la víspera de los Juegos Olímpicos de Sudáfrica y el divorcio con su mujer tras una infidelidad, también fueron parte de su mal momento. Pero lejos de sufrir depresión, estrés o cualquier otra alteración, asumió la presidencia de Sudáfrica y gobernó sin odio y sin resentimiento, lo cual lo llevó a ganar el Premio Nobel de la Paz en 1993.

Mandela es un claro ejemplo de cómo superar todas las dificultades sin caer en el resentimiento o la depresión. Esta cualidad que poseemos es innata y podemos aprender a desarrollarla en un momento determinado, desplegando los siguientes elementos:

1. Tener un propósito. En el caso de *Nelson Mandela*, persiguió como ideales la libertad y la democracia, y fue esto lo que lo acompañó a lo largo de su vida.
2. La confianza en sí mismo. Recordemos que la autoestima surge no sólo al sentirnos bien con nosotros mismos sino con hacer el bien.
3. El optimismo. Es necesario tener la capacidad de visualizar un futuro más alentador. El líder difícilmente hubiera soportado todos esos años en la cárcel, si no se hubiera forjado un fin.
4. La posibilidad de elegir. *Mandela* podía elegir lamentar su suerte y llenarse de odio y sin embargo eligió ser compasivo.

La diferencia más destacada entre las personas resilientes y no resilientes radica en la capacidad de utilizar las habilidades que poseen los primeros para salir adelante, asumir una actitud positiva frente a las adversidades y conservar la paz interior.

El segundo caso que considero ilustrativo es el de *Oprah Winfrey*, una presentadora de televisión, actriz y productora de color nacida en Kosciusko, Mississipi, que vivió su infancia en la casa de su abuela materna, de quien aprendió a leer y a escribir. Cuando su abuela enfermó, se trasladó a vivir con su madre; la convivencia duró tan sólo un año, pues su madre tenía que trabajar y no podía hacerse cargo de ella. Fue entonces enviada a vivir con su padre y la esposa de éste, en Tennessee. El padre recibió a su hija con agrado y la apoyó en sus asuntos académicos y las participaciones en la iglesia. Dos años después, regresó a vivir con su madre.

Cuando tenía nueve años, *Oprah* fue abusada sexualmente por uno de sus primos; posteriormente por un amigo de la familia y un tío. Como a muchos niños víctimas de abuso, fue obligada a guardar silencio.

Desgraciadamente, la poca dedicación por parte de su madre, así como la imposibilidad de hablar con ella sobre los abusos sexuales que había sufrido, condujeron a la actual diva multimillonaria de Hollywood a mostrar actitudes de rebeldía, faltas en la escuela y malas decisiones como robarle dinero de su madre, quien la envió de vuelta con su padre.

A sus 14 años, *Oprah* descubrió estar embarazada, algo que no reveló hasta el séptimo mes de embarazo. Nació un varón que murió apenas dos semanas después.

A pesar de su dura infancia, *Oprah* alcanzó la cima profesional. Comenzó su carrera en los medios a los 17 años cuando comenzó a trabajar en una estación local. Dos años más tarde, se convirtió en la presentadora de noticias más joven y la primera animadora de color en la estación de Nashville.

Después de trabajar en varios canales, la carrera de *Winfrey* despegó en AM Chicago, un talk show matutino que pasó de posicionarse en los últimos lugares del rating a ocupar los primeros puestos y ser renombrado como *"The Oprah Winfrey Show"*. Más tarde, la estrella se convirtió en la dueña y productora de su show.

No obstante su gran éxito, *Oprah* siempre remarcó que el dinero, la fama y el éxito "no significan nada si no puedes controlarte a ti mismo", haciendo referencia a su eterna lucha contra el sobrepeso. Ha reconocido públicamente alternar entre diferentes dietas y, en paralelo, su afición por la comida chatarra y la compulsión que sufre por comer, motivada por sus problemas emocionales.

La lucha de esta estrella la ha orientado a dar consejos de alimentación y ejercicio junto con su instructor, *Bob Greene*, a través de su página de Internet oprah.com

El presente de *Winfrey*:

- De acuerdo con la revista *Forbes*, fue la afroamericana más rica del siglo XX y la única multimillonaria negra durante tres años consecutivos.
- La revista *Life* se refirió a ella como la mujer más influyente de su generación.
- Su programa ha sido visto por más de 20 millones de americanos y transmitido a más de 100 países.
- *Business Week* la nombró la más grande filántropa de color en la historia de los Estados Unidos.

4.7 APORTES

La enseñanza más grande que tomé del coaching fueron dos conceptos básicos: el perdón y el agradecimiento, dos palabras que usamos muy a menudo y a las que muchas veces quitamos su verdadero valor. Pedir perdón o perdonar, desde el corazón, es un acto de grandeza que nos hace libres, al igual que ser agradecidos de lo que tenemos y de lo que nos tocó vivir.

En el capítulo anterior hablamos de las creencias limitantes y pudimos observar, que tal vez, las palabras "no puedo" o "no sirvo" vinieron de padres, hermanos, maestros y personas que queremos. No nos sirve de nada vivir cargados de odio o enojo contra ellos, debemos aprender a perdonar.

La idea de este aporte es que escribas una carta de antecedentes. Se trata de que redactes tu autobiografía desde que naciste: cómo fue tu infancia, quiénes estuvieron a tu lado; las rebeldías de tu adolescencia, cómo fue ser padres o, también, abuelos. No importa la edad que tengas, simplemente sentante, poné música de fondo y empezá a escribir.

Observá lo maravilloso de tu vida, perdoná a todas aquellas personas que te lastimaron alguna vez. Repará en cualquier situación adversa que hayas vivido y observá qué hiciste para superarla. Terminá agradeciendo por las personas que estuvieron y están a tu lado, como también las cosas grandiosas que te tocó vivir.

4.8 CONCEPTOS CLAVES DEL CAPITULO IV

- Una crisis es un acontecimiento que nos invita a realizar un cambio.
- Cualquier crisis que atravieses es algo que vos mismo generaste para vos.
- Hay que vivir las crisis al 100%.
- Toda crisis nace de un miedo profundo.
- La tarea principal para superar un miedo es admitir que existe.
- Hay que empezar por ver el miedo como una oportunidad.
- Resilencia es el proceso de adaptarse bien a la adversidad.
- La resilencia no es una característica que la gente tiene o no tiene.
- La resilencia se puede aprender a desarrollar en un momento determinado.

CAPITULO V

ALCANZANDO LA FELICIDAD

El éxito más grande es
la aceptación de un mismo".
Ben Sweet

5.1 AUTOESTIMA, EL PODER DE LA ACEPTACIÓN

Los problemas de autoestima están a la orden del día. Muchas veces, hablamos de tener la autoestima baja, de la necesidad de subirla. La autoestima sigue presentándose como un concepto abstracto al que no podemos definir del todo.

5.1.1 ¿QUÉ ES LA AUTOESTIMA?

Para entender la autoestima es útil separar el término en dos palabras. Analicemos primero la palabra estima, que significa que alguien o algo es importante, especial o valioso. Auto significa vos mismo. Por lo tanto, si unimos las dos palabras, el significado estaría relacionado con cuánto te valorás a vos mismo y qué tan importante pensás que sos.

La autoestima es la percepción que tenemos de nosotros mismos. Abarca todos nuestros aspectos de la vida, desde el cuerpo hacia el interior, pasando por la apreciación o la competencia. La autoestima siempre se ajusta a la realidad y esa valoración se forma a lo largo de toda la vida y bajo la influencia de los demás.

Según el filósofo estadounidense *Henry David Thoreau* "lo que una persona piensa de sí misma es lo que determina o indica su destino".[11] Por su lado, el reconocido psiquiatra español *Luis Rojas Marcos* afirma que, a la hora de averiguar si una persona es dichosa, no alcanza con conocer su estado civil, su nivel de ingresos, si grado de belleza o el nivel universitario. La mejor pista para saber si es feliz es descubrir "en qué medida goza de una alta, saludable y constructiva autovaloración de sí misma".[12]

Entonces, la autoestima es un juicio que hacemos sobre nuestra persona; es lo que sentimos por nosotros mismos cuando nadie nos ve, cuando nos hemos sacado todos los maquillajes y despojado de todos los roles. Por eso, se dice que la autoestima es esa confianza que no se puede fingir.

5.1.2 BAJA AUTOESTIMA

Se dice que una persona tiene autoestima baja o negativa cuando las apreciaciones hacia su persona le hacen daño y hay carencia de afecto hacia sí misma. Una persona no logrará ser autentica mientras exista el auto rechazo.

Los sentimientos ocultos de dolor suelen convertirse en enojo, y con el tiempo volvemos el enojo contra nosotros mismos, dando así lugar a la depresión o el fastidio.

Una persona con baja autoestima suele ser alguien inseguro, que prefiere no tomar decisiones por miedo a equivocarse y necesita constantemente de la aprobación de los

---

[11]   Vida extraordinaria: La autoestima. [actualizada el 31 de julio del 2009; acceso 15 de agosto de 2015].Disponible en: http://www. vidaextraordinaria.com/la-autoestima/

[12]   Rojas Marcos, Luis: La Autoestima. Madrid, España. Editorial Espasa Caspe S.A.; 2007

demás. Todo esto le produce un sentimiento de inferioridad y timidez a la hora de relacionarse con otras personas.

Los síntomas de una baja autoestima se reflejan de la siguiente manera:

- Autocrítica dura y excesiva.
- Se siente exageradamente atacado.
- Miedo a equivocarse.
- Auto exigencia esclavizadora de hacer "perfectamente" todo lo que intenta.
- Irritabilidad, siempre a punto de estallar aún por cosas de poca importancia.
- Falta de confianza en sí mismo.
- Repentinos cambios de humor.
- Inhibición de la expresión de los sentimientos por miedo a no ser correspondidos.
- Necesidad compulsiva de llamar la atención y ser aprobado.
- Dificultad para aceptar y valorar a los otros como son.

5.1.3 AUTOESTIMA ALTA

El narcisismo es el amor excesivo hacia uno mismo o de algo hecho por uno mismo, por eso se dice que una persona es narcisista cuando está enamorada de sí misma.

Una buena autoestima no necesita competir, no se compara, no envidia, no cree que está molestando; sabe diferenciar los problemas de las otras personas de los suyos.

Las personas con buena autoestima tienden a establecer buenos vínculos con la mayoría; son personas alegres, su presencia es agradable y bien recibida, están siempre dispuestos a colaborar.

Otros atributos de la persona con una autoestima alta suelen ser:

- Está dispuesta a defender sus convicciones.
- Segura a la hora de modificar una creencia.
- Confía en su propio juicio.
- Vive en el presente.
- Tiene capacidad para resolver problemas.
- Se considera una persona interesante y valiosa.
- No se deja manipular por opiniones ajenas.
- Reconoce sus emociones.
- Disfruta de las actividades que realiza.
- Respeta y acepta a los demás.
- Acepta los retos.
- Es capaz de escuchar las críticas.
- Cuenta con capacidad para elegir el curso de su acción.
- Se comunica con facilidad..

5.2 CONSTRUYENDO LA AUTOESTIMA

Según el psicoterapeuta canadiense *Nathaniel Branden* la autoestima es la experiencia de sentir que estamos preparados para enfrentar los desafíos básicos que nos presenta la vida y sentir que somos merecedores de tener éxito y ser felices.

La mayoría de las personas cree que no merece tener una vida tan esplendida y se sabotea a sí misma. La mejor manera de aumentar las posibilidades de tener una buena vida es comenzar a cuidarse mucho. Como nos enseña la coach *Talane Miedaner* en su libro *Coaching para el éxito*, se debe comenzar por cuidar la posesión más valiosa: uno mismo. Atraemos las riquezas y las oportunidades por el simple hecho de cuidarnos bien a nosotros mismos. A medida en que las personas empiezan a cuidarse, envían un mensaje que le indica al universo que merecen más; por lo tanto, no debe sorprenderles el hecho de que atraigan más.[13]

Continuando con los datos que nos brinda *Coaching para el éxito*, para fortalecer nuestra autoestima, podemos nombrar como primera opción que "vestirse con elegancia" es un gran paso. Es más fácil que atraigas el éxito y tu autoestima suba si te sentís estupendamente frente al espejo, aunque andes por tu casa en pijama y cuando salgas luzcas un fabuloso traje Channel a medida. Para lograr sentirnos bien con nuestra apariencia, debemos primero estar cómodos con nuestro interior.

Si existe algo en tu cuerpo que te fastidia, una mínima imperfección, arreglala. Son esas imperfecciones lo que te va a impedir sentirte del todo bien y van a absorber tu energía. Un masaje también es algo maravilloso y puede significar el único momento en el que tengas posibilidades de relajarte y dejarte ir de manera plena y completa. Si querés aumentar tu autoestima, un masaje periódico puede ayudarte, ya que cas a sentir un mimo a tu cuerpo y alma.

Movete, la liberación de endorfinas que genera el ejercicio es el mejor remedio para combatir la baja autoestima. Al mismo tiempo, te va a ayudar a lograr el cuerpo deseado y te va a permitir estar en forma, logrando aumentar tu seguridad y vitalidad.

Vivir con comodidades y rodeados de lujo hace que toda persona se sienta valiosa. Esto puede ser levantarse y recibir un desayuno en la habitación, salir a comer a un restaurante valioso, disfrutar de un buen vino; son gestos que hacen que la autoestima de uno crezca. Recibir la atención de un mozo, el no pensar en cocinar y comer lo que nos gusta son detalles que nos hacen sentir mimados y agasajados. Por más apurado

---

[13] Miedaner, Talane: Coaching para el éxito. Barcelona, España. Ediciones Urano, S.A; 2012.

que estés, si vas a comer es preferible tardar unos minutos y sentarte en una linda mesa que comer parado.

Invertí en vos, ¡te lo merecés! Para evolucionar y lograr mayor seguridad en tu autoestima es preciso invertir un porcentaje de tus ingresos en seguir formándote. Te debés a vos mismo ser lo mejor que puedas. No aprender ni evolucionar es una especie de muerte. Todo lo que está vivo crece. No dejes de hacer los cursos o proyectos que te hagan feliz por un simple "no puedo". Hacer algo que disfrutás, sin dudas, va a elevar tu autoestima.

Con tanta actividad semanal, los médicos recomiendan, para elevar la, autoestima, estar descansada. Todos requerimos mínimamente de un día libre a la semana para no hacer nada. Concédete un descanso, no sólo te lo mereces sino que también lo necesitas para sentirte realmente bien. Un día sin agenda, librado al azar, sin planes previos, sin compromisos, un día dedicado 100% a vos mismo. Una persona estresada no lograra sentirse feliz con ella misma, por más exitosa que sea su vida.

Después de repasar esta información, podemos decir que para subir tu autoestima y sentirte una persona querida podés mimarte sin gastar dinero. Pensar que se necesita dinero para poder sentirse bien es una actitud carente de creatividad. Propongo actividades de costo 0 que, te aseguro, van a cambiar tu ánimo. Salí a caminar durante 50 minutos por tu barrio o un lugar que te guste; relajá tu mente observando el paisaje. Poné música y comenzá a bailar como si nadie te mirara. Salí al aire libre, sentate y observá el paisaje que te rodea, siempre hay cosas lindas para mirar.

Cuando estoy con el autoestima baja, estas son las cosas que hago para sentirme mejor, recuperar mi confianza y volver a creer en mi misma. No uso estos tips a modo de regla y tampoco son la única solución; cada uno debe buscar las actividades que lo hacen sentir bien. Cada persona es un mundo y todos tenemos diferentes maneras de sentirnos amados.

Para finalizar, me quedo con la frase de Antoine De Saint-Exupéry, escritor francés: "Es mucho más fácil juzgarse a sí mismo que a los demás. Si logras juzgarte bien a ti mismo, eres un verdadero sabio".

5.3 MOTIVACIÓN

La autoestima es también una fuente de motivación interna: quienes se valoran a sí mismos están auto motivados, confían en su capacidad para resolver problemas y tomar decisiones.

Mi pasión por el coaching surgió de la motivación interna que un coach pudo generarme. Un coach logra que podamos abrir los ojos y observar ese universo de posibilidades. Al realizar la encuesta me llamó la atención el número elevado de personas que respondieron que no se levantaban de la cama con una ilusión, un 64%.

La motivación es considerada como el impulso que conduce a una persona a elegir y realizar una acción entre aquellas alternativas que se presentan en una determinada situación.

En el libro *Inteligencia Emocional*, su autor *Daniel Goleman* asegura que lo que más motiva a una persona es encontrar una actividad en la que sus talentos y habilidades estén plenamente involucrados, una tarea que mueva a las personas más allá de su zona de confort.

Retomando los conceptos de Miedaner, cuando uno hace lo que ama le brillan los ojos, su vida es afortunada y se siente lleno de energía, alegría y entusiasmo. Para mantenernos motivados es esencial que trabajemos haciendo lo que nos gusta. A veces es preferible priorizar lo que nos hace bien sobre lo económico. Al trabajar de lo que nos apasiona, tarde o temprano, las recompensas llegan.

Muchas veces nos preguntamos a nosotros mismos si lo que hacemos es realmente lo que amamos. Para algunas personas es sencillo responderlo; para otras, en cambio no tanto. No obstante, es importante que no te perturbes cuando surja este interrogante. La vida y el tiempo nos darán señales para saber si estamos en el camino indicado.

Todos poseemos algún talento, habilidad o don especial, algo que hacemos mejor que otras personas. Muchas veces desarrollamos nuestros talentos de una manera tan inconsciente que no logramos visualizarlos. A veces, creemos que no tenemos talentos aunque nos destaquemos en algo; existe la creencia de que si no cuesta, no tiene verdadera o suficiente importancia.

Cuando trabajamos mucho pero sentimos pasión por la actividad que llevamos a cabo, disfrutamos más allá del agotamiento. Las personas que se realizan con mayor plenitud no sólo hacen lo que aman, sino que poseen un talento innato. Logran ser aún mejores y dominar completamente su oficio. Comenzá a incorporar en tu vida lo que disfrutás; cuanto más te comprometas con esto, más cosas buenas vas a atraer, mayor motivación vas a sentir.

Las verdaderas fuentes de motivación se encuentran en nuestro interior. De niños nos dijeron muchas veces, por ejemplo, que si comíamos toda la comida servida en el plato, obtendríamos alguna recompensa, por medio del método premio- castigo. Muchas veces esto funciona, pero puede resultar en un problema si dejamos que nuestras motivaciones dependan siempre de factores externos.

Es fácil llenarse de preocupaciones y olvidar lo verdaderamente importante. Cada mañana, mientras desayunes y planifiques tu día, respondete las siguientes tres preguntas:

1- ¿Qué es lo más importante para mí hoy?
2- ¿Qué debo hacer hoy?
3- ¿Qué es lo importante respecto del futuro?

Responder a estas preguntas te va a facilitar la planificación del día y te va a ayudar a concentrarte en lo importante, sin perder de vista tus objetivos. Si encontrás en las respuestas muchos "debo", entonces no tenés la costumbre de preguntarte que es lo importante para vos.

5.4 LA ENVIDIA COMO MOTOR DE ACCIÓN

Normalmente, cuando hablamos de envidia, pensamos en gente toxica o negativa. La palabra envidia suele relacionarse con malas personas que solo buscan que otro se perjudique y deje de brillar.

La envidia es un sentimiento de tristeza o enojo que experimenta la persona que no tiene, o desearía tener para sí sola, algo que otra sí posee; se trata entonces del deseo de hacer o tener lo que otra persona tiene. Sin embargo, yo he decidido dar una vuelta de rosca a este pensamiento y, como con todo en la vida, buscarle el lado positivo. Todo es bueno, incluso lo malo.

Cuando envidies algo de alguien, ya se algo material o espiritual como su felicidad, su pareja o el ritmo de vida que lleva, tomalo como una motivación, un reto para superarte- Tomalo como un impulso que te lleve a esforzarte más para alcanzar eso que tanto deseás. Propongo así que no nos quedemos parados en la vereda de enfrente mirando con desprecio lo que posee el otro, sino que busquemos la forma de cruzar la calle y estar en ese lado que tanto anhelamos.

Si nos quedamos en el intento, en el resentimiento y en la envidia, no nos moveremos hacia ningún lado. Solo obtenemos rencor y nos cargamos de mala energía cuando, a lo mejor, alcanzar lo deseado era más sencillo de lo imaginado. A veces, con proponernos alcanzar un objetivo, podemos lograr resultados magníficos, ¡pensalo!

Observá cómo actúa esa persona que envidiás, cómo se maneja en las situaciones que se le presentan. Charlá con esa persona, preguntale cómo logró lo que anhelás. Utilizá la envidia que sentís como una motivación para proponerte alcanzar todo lo que desees.

Sentir envidia es similar a tomarse un veneno y esperar que se muera quien está enfrente. Aprovechá esta sensación como un medio para conocerte; preguntate por qué estás sintiendo eso contra una persona y que es lo que estás queriendo tener o conseguir.

5.5 FELICIDAD

A lo largo de este capítulo venimos hablando de nosotros, de nuestros sentimientos. Si prestamos atención, esto es un gran eslabón que sirve para relacionar las cosas entre sí. Necesitamos armonía para alcanzar la felicidad y el éxito.

Para ser felices necesitamos tener buena autoestima; es decir, sentirnos queridos y aceptarnos tal cual somos. Necesitamos mimar nuestra alma, hacer los que nos apasiona y juntarnos con gente que nos hace felices.

Siguiendo con este eslabón, aparece la motivación, la cual considero el punto más importante de esta cadena. Las personas necesitamos encontrar motivación constante para movernos, para alcanzar lo que soñamos y queremos ser. La motivación no es algo externo, sino más bien empujones que surgen desde nuestro interior. Debemos buscar continuamente la forma de motivarnos para fortalecer nuestra autoestima y, como resultado, acercarnos a la felicidad.

Muchas veces nos preguntamos si la felicidad tiene alguna receta. Yo, personalmente, considero que en algún punto sí la tiene. Es decir, si tomamos conciencia de la información expresada más arriba y nos proponemos llevarlas a cabo, podemos llegar al objetivo. Esa podría ser parte de la receta. No quiero decir que esto sea fácil, pero puedo asegurar que, hace unos años, cuando veía que la vida pasaba y yo no hacía nada que me apasionara ni me diera esos golpes de energía que me entusiasmaran, me propuse buscar la felicidad y encontré el camino en estos métodos.

Cuando me propuse este cambio de vida, en busca de la felicidad, apareció el coaching en mi camino y aprendí que la felicidad no estaba en las grandes cosas si no en los pequeños momentos.

Toda mi vida busqué la felicidad en cosas superficiales sin darme cuenta que, mientras más tenía, más carencias y dudas existenciales aparecían. Si lo pensamos, el resultado es lógico, ya que al saciar mi "hambre" por cosas materiales seguía con la misma insatisfacción de siempre y mis dudas se agigantaban.

Un día entendí que, para lograr la felicidad y tranquilidad que estaba buscando, primero me tenía que encontrarme conmigo misma y conocer todo aquello que me hacía bien. Descubrí así que el coaching es mi gran pasión. La posibilidad de escribir este libro fue una gran motivación que me impulsó a levantarme todos los días con ideas en la cabeza y ganas de escribir más y más, con el objetivo fijo de lograr que este libro fuera un éxito.

Encontrá lo que te apasiona y hacelo sin temor a equivocarte. Comenzá a guiarte y escuchar tu intuición; el corazón no suele equivocarse. Y en el caso que te equivoques, la satisfacción de haberlo intentado siempre va a ser mayor que el sentimiento de no haber hecho nada.

5.6 PROYECCIONES POSITIVAS

Mientras se hablaba de proyección, durante un curso de coaching que realicé hace un tiempo, nos explicaban que ésta consiste en poner en el otro lo que rechazamos de nuestro interior. Sin embargo, nos decían, también podíamos realizar proyecciones positivas. A diferencia de la proyección negativa, con su opuesta le atribuimos a otra persona cualidades dignas de ser admiradas, amadas y anheladas. Son motivos de inspiración.

Una vez fuera de esa clase, comprendí que debía enfocarme y centrar mi atención en esas personas que admiraba y que, al ser cercanas a mí, podría observar para imitar sus comportamientos. La primera persona en quien pensé fue el abuelo de mi pareja, un hombre de 88 años con una vitalidad admirable y una felicidad que siempre invita a mantenerse cerca de él. Un hombre que, prácticamente, junto con su mujer, viajaron y conocieron el mundo. Este hombre no conoce el significado de la palabra depresión ni dieta, y básicamente creo que en su vocabulario no existe la palabra "debería". Pensando en este capítulo fui hasta su casa y le pedí que describiera con palabras "la fórmula de la felicidad". Les regalo lo que escribió:

Hoy en día, vivimos en un mundo muy revolucionado donde la vida corre cada vez más rápido. Muchas veces, pasan frente de nosotros momentos que no nos tomamos el tiempo de disfrutar ya que estamos esperando que algo nuevo suceda. Hablamos de felicidad y nos preguntamos qué es, o cómo logramos eso que parece tan lejano... Creo que es una meta que parece estar en mano de todos o de nadie. Hoy pensé en todo lo que nos hace bien al alma. En mi caso, por ejemplo, siempre me manejé con valores relativos a la verdad y la honestidad. Creo que éstas han sido herramientas que me ayudaron a ser feliz y tener la mente en tranquilidad.

Ser feliz es poseer esa paz interior tan ansiada y poder transmitirla en gestos, cariños, actividades o actitudes hacia los que nos rodean y, aún, a aquellos que no son más que ¨circunstancias¨ en nuestras vidas. Eso me hace feliz, y también la familia, cada día presente, y el amor puesto en ellos. Me hace feliz su salud, sus trabajos, la concreción de sus sueños.

En los momentos de mayor problema, o situaciones difíciles de resolver, he tratado de encontrar la felicidad teniendo fe en Dios, quien nunca nos suelta la mano, aunque a veces nos preguntemos, ¿dónde estás? Él está.

Con mis casi 90 años, puedo decir que debemos aprender a disfrutar de lo bueno que nos da la vida y usar lo negativo como experiencia para mejorar. Ser feliz es vivir generosamente, sin rencores ni enojos.

5.7 APORTES

El FODA o DAFO es una metodología de estudio en la cual se analizan las características internas y externas que influyen en una situación. Las siglas hacen referencia a las palabras Fortalezas, Oportunidades, Debilidades y Amenazas.

Al haberme dedicado siempre a la rama económica, estudié el FODA de las empresas y organizaciones. Al llegar a la academia de coaching y capacitación americana, nos hicieron realizar nuestro propio FODA. No fue una tarea fácil, pero sin dudas fue una buena oportunidad de conocerme y observar donde estaba parados en la vida.

En el capítulo 1 de este libro, en los aportes, hicimos el eneagrama y le dimos una puntuación a nueve áreas de nuestra vida. Para realizar el FODA vamos a tomar esas mismas nueve dimensiones: Salud, Familia, Trabajo, Relaciones Interpersonales, Espiritualidad, Finanzas, Emocional, Educación y Recreación. En una hoja en blanco vamos a asignarle un valor (amor, seguridad, libertad, prioridad, etc.) a cada una de estas dimensiones. Y ahora sí comenzaremos a practicar el FODA. Voy a citar un ejemplo para que quede más claro este ejercicio:

SALUD: la asocio a la libertad. Mientras tenga salud, puedo ser libre. Propongo al lector asignarle el valor que crea que la salud merece en su vida y hacer lo mismo con las ocho dimensiones restantes.

Fortalezas	Debilidades	Oportunidades
- Como saludable	- No camino mucho	- Caminar al gimnasio
- Hago ejercicio	- Tomo mucha gaseosa	- Tomar más agua
- Tengo un cuerpo sano	- Estrés	- Practicar yoga

No incluí las Amenazas ya que el coaching no se preocupa en algo que está fuera de nuestro alcance y que no sabemos si nos va a suceder. Vivir preocupados por el futuro incierto es la principal causa generadora de estrés. Al final de cuentas, nada es tan malo como creemos.

Las oportunidades son todas aquellas posibilidades de mejorar o modificar los comportamientos que consideremos que nos debilitan y quitan fuerzas. Si camino más en el día, tomo más agua y practico yoga, voy a tener un cuerpo mucho más saludable y voy a lograr la libertad que para mí significa ser saludable.

Una vez finalizado el FODA con todas las dimensiones, vamos a tomar estas posibilidades que pusimos e incorporarlas como propias. Te propongo que escribas tu carta de empoderamiento, donde vas a comenzar escribiendo "soy una mujer/hombre..." y a continuación la frase de empoderamiento del primer capítulo. Luego, sumamos todas estas oportunidades. Quedará algo así:

Soy una mujer fuerte, potente, sabia, que cuida su salud tomando agua, caminando y practicando yoga...

Así, continuás enumerando las oportunidades de las otras dimensiones. Tiene que ser una carta que, al leerla, te empodere, te de fuerza.

5.8 CONCEPTOS CLAVES DEL CAPITULO V

- La autoestima es la percepción que tenemos sobre nosotros mismos.
- Es lo que sentimos por nosotros mismos cuando nadie nos ve.

- Una persona no logrará ser auténtica mientras exista el auto rechazo.
- Una persona con baja autoestima suele ser insegura.
- Una buena autoestima no necesita competir; no se compara.
- Atraemos las riquezas y las oportunidades por el simple hecho de cuidarnos bien a nosotros mismos.
- Invertí en vos.
- Tomate un descanso semanal fuera de tu rutina.
- Podés mimarte sin gastar dinero.
- La motivación es un impulso interno.
- Descubrí tu talento y hacé lo que amás.
- Preguntate a diario qué es lo importante para vos.
- Se puede usar la envidia como método de motivación.
- La felicidad comienza en el amor propio.
- Es posible ser feliz.

CAPITULO VI

EL PROPOSITO FINAL

"Aquel que tiene un porqué para vivir
se puede enfrentar a todos los cómos".
Friedrich Nietzche

6.1 MISION Y VISION PERSONAL

Una de las cosas que me llamó profundamente la atención en la encuesta que realicé fue una contradicción entre dos preguntas. Cuando pregunté a las personas si consideraban que tenían claro su propósito en la vida el 78,7% me respondió que sí; sin embargo, en la pregunta siguiente, cuando pregunté si se animarían a rediseñar su vida, el 85,2% también respondió que sí.

El resultado de la encuesta me dio un claro indicio de que, tal vez, las personas no tenemos demasiado claro a qué vinimos al mundo ni qué es lo que realmente amamos hacer. De otro modo, no sentiríamos la necesidad de rediseñar nuestras vidas.

Dentro de todo proceso de coaching es muy importante indagar si el cliente tiene definidas su misión y visión personal; sin embargo, la experiencia muestra que, raras veces, esto sucede.

La misión y visión personal se hallan en el núcleo más profundo de nuestro ser, dando sentido y dirección a nuestras vidas. Si no lo tenemos claro, nos podemos sentir a la deriva y transitaremos un camino que no nos llevará a ningún lado ni a alcanzar nuestros objetivos.

Si logramos determinar nuestra misión, podremos observarla por medio de nuestra visión. Descubrir esto nos permitirá estar en el camino correcto y, de esta forma, tendremos pensamientos positivos, lo que nos dará paz mental y ayudará a mejorar nuestras relaciones, algo que veremos reflejado en nuestro cuerpo también. Un estado mental de paz y felicidad repercutirá en todas las áreas de nuestras vidas, dándole una mirada positiva a las situaciones.

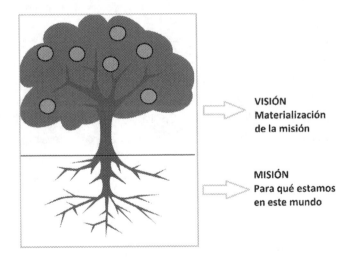

VISIÓN
Materialización
de la misión

MISIÓN
Para qué estamos
en este mundo

14

Este dibujo resulta útil para explicar la relación existente entre misión y visión. Nuestra MISIÓN es nuestro propósito de vida; es decir, para qué hemos venido a este mundo, cuál es nuestro valor, qué nos diferencia de las demás personas y

---

14   Casnati, Julieta. Misión y Visión Personal. Material catedrático. Coaching Psicológico Integral. Mendoza, Argentina; 2014.

nos hace únicos. Es un nivel muy profundo de nuestro SER y por eso en el dibujo se representa con las raíces de nuestro árbol llamado vida.

VISIÓN tiene que ver con cómo vamos a ver que nuestra misión se está materializando; es decir, qué cosas nos van a mostrar que verdaderamente estamos cumpliendo con nuestro propósito. En el dibujo, la visión es la parte superior del árbol, ya que nuestra visión es aquello que podemos observar de nuestra vida y nuestros actos.

Víctor Frankl, creador de la Logoterapia, fue un médico neurólogo y psiquiatra austriaco de origen judío que estuvo preso en los campos de concentración. Su profesión lo inclinó a observar que, pese a todo el sufrimiento al que estaban sometidos los prisioneros, no todos aquellos con posibilidades de sobrevivir lo hacían; hombres que tenían contexturas físicas superior a otros morían con mayor facilidad.[15]

Frankl comenzó a preguntarse cuál podría ser la causa de que algunas personas sobrevivieran y otros no. De su observación e investigación llegó a la conclusión de que sólo sobrevivían aquellos hombres que encontraban un sentido en y para vivir, algo que anhelaban conseguir cuando salieran de los campos de concentración,

En su obra *"El hombre en busca de sentido"*, el autor expone que, incluso en las condiciones más extremas de deshumanización y sufrimiento, el hombre puede encontrar una razón para vivir. Y esta razón es única: "Toda persona tiene una vocación o misión única en la vida. Por ello es irremplazable y su vida irrepetible. La tarea de cada persona es única, así como la oportunidad especifica de realizarla".[16]

---

[15] Frank, Victor: El hombre en busca del sentido. Barcelona, España. Editorial Herder, S.A.; 1979.

[16] Casnati, Julieta. Misión y Visión Personal. Material catedrático. Coaching Psicológico Integral. Mendoza, Argentina; 2014.

Es importante destacar que la MISIÓN está asociada a los talentos personales, a esas habilidades que traemos desde que nacemos y que se manifiestan cuando somos niños, cuando todavía no estamos contaminados con creencias limitantes. Puede que estén inmersos en nuestro subconsciente y que no seamos capaces de notarlos, pero de alguna manera sí se lo manifestamos a las otras personas.

La misión está relacionada con tres valores: una o más acciones, valores involucrados y el acto de DAR a otros.

Respecto de la VISIÓN, muchas veces ocurre que tenemos claro o descubrimos cuál es nuestra misión pero no nos animamos a salir de nuestra querida y atrapante "zona de confort". Ese lugar en el que nos encontramos hoy que nos brinda seguridad, aun padeciendo relaciones de sufrimiento o estrés, pero lugar conocido del que no nos animamos a salir.

Lo que debemos tener en cuenta es que, justamente saliendo de esa zona de confort, somos capaces de entrar en el desarrollo de nuestro verdadero potencial. Fuera de esa zona empiezan a acontecer situaciones mágicas que nunca nos hubiéramos imaginado vivir, donde se generan los mayores aprendizajes.

Si queremos materializar nuestra visión tenemos que tener un sueño y agregarle fe y pasión. Cuando logramos conectar con nuestro fuego interior, no hay nadie que nos pueda detener.

Para poder conectarnos con nuestra visión es útil imaginar qué haríamos si fuéramos 100 veces más valientes de lo que hoy somos, en diferentes contextos de nuestras vidas.

6.2 METAS Y OBJETIVOS

Tanto nuestros objetivos como las metas que nos proponemos deben partir y estar en concordancia con nuestra misión, nuestra visión y nuestros valores. Esto es así porque estos van a ser la guía y el soporte para logarlos.

Los objetivos y metas son básicamente los propósitos a lograr para alcanzar aquella visión; es decir, representan los pasos de ese transitar hasta alcanzarla. Deben estar determinados a conciencia para asumir el compromiso y la responsabilidad, a fin de garantizar que el rumbo hacia su logro esté siempre bajo nuestro control.

La vida es una serie de pequeñas decisiones. Una a una parecen insignificantes, pero juntas, suponen mucho. Cada pequeña decisión tiene un propósito.

Tomar las riendas de tu vida significa que forjes tus objetivos y no esperes o permitas que lo hagan las otras personas. Son estos los que nos hacen avanzar, el coaching ayuda a sus clientes a clarificar todos estos pasos.

Nos movemos de un estado presente a un estado deseado. Siempre estamos buscando nuevas necesidades que satisfacer y, por ende, moviéndonos de un estado a otro.

6.2.1 LAS REGLAS DE LOS OBJETIVOS

1. **Los objetivos deben estar expresados en positivo.** Estos tienen que describir lo que querés alcanzar, no lo que no querés. Cuando planteás un objetivo fijás toda tu atención y tus pensamientos en eso. Por este motivo, al plantear un objetivo en negativo, vas a terminar centrando tu atención ahí y, como ya dijimos, el cerebro no interpreta la palabra NO. Por ejemplo: si tu objetivo es no tomar alcohol y pensás contantemente en eso, vas a acabar centrando tu atención en "tomar alcohol". Es más conveniente plantear objetivos positivos como, también a modo de ejemplo, tomas más agua.

2. **Debe ser específico.** Estos objetivos tienen que ser lo más específicos posible respecto del objetivo. También

hay que especificar las pruebas que nos permitirán saber que hemos alcanzado nuestros objetivos.

3. **Decidí cómo vas a obtener la prueba y el feedback del logro de tu objetivo.** Cuáles serán las cosas que nos permiten saber que hemos alcanzado o estamos en el camino correcto hacia nuestro objetivo. También es importante determinar con qué frecuencia vas a medir tu progreso.

4. **Organizá tus recursos.** Los que necesitás durante el camino, que pueden ser objetos, personas, tiempo, modelos o cualidad personales.

   El objetivo puede parecer inmenso y lejano; el viaje largo y arduo. Pero un pequeño recurso en el lugar adecuado puede marcar la diferencia.

5. **Sé proactivo.** Sos quien tiene que actuar, sentir la causa de tu vida y no el efecto. Debés ponerte en movimiento para alcanzar todo lo que te propongas.

6. **Debe ser ecológico.** Todo tiene consecuencias para el sistema más amplio en que vivimos. Todos tus objetivos tendrán consecuencias en tu vida, pero también habrá efectos en las personas que te rodean, en otras áreas de tu vida, en lo que dejás atrás y en lo que pretendés mantener.

7. **Prepará un plan de acción.** Es lo que convierte un sueño en un objetivo. Es la forma de fraccionar el objetivo en pasos más pequeños, cada uno de ellos en sí mismo manejables.

8. **Merecimiento.** Debemos creer que merecemos alcanzar nuestros objetivos. A menudo, existe la creencia arraigada a la infancia, de que no nos merecemos aquello por lo que no hayamos trabajado duro.

   Uno de los principales trabajos de un coach consiste en lograr que concibamos merecer lo que soñamos.

6.3 VISUALIZACIÓN

La visualización es el acto y la consecuencia de visualizar. Este verbo, por su parte, refiere a desarrollar mentalmente la imagen de algo abstracto, a otorgar características visibles a aquello que no se ve o a representar a través de imágenes cuestiones de otra índole.

Se trata de una técnica motivacional que invita a una persona a "ver" en su mente aquello que pretende conseguir. Ayuda a configurar el pensamiento para que la persona oriente sus ideas y sus acciones hacia la meta. Si una persona desea correr una maratón de 42 kilómetros, podría apelar a la visualización e imaginar cómo sería el momento en que llegue a la meta. Las sensaciones positivas que genera la visualización pueden contribuir a la motivación.

La visualización funciona porque la mente no reconoce entre la realidad y la imaginación. Todos visualizamos a diario, pero si no tenemos las técnicas adecuadas para hacerlo no veremos creados nuestros sueños en realidad.

6.3.1 TÉCNICAS PARA LOGRAR UNA BUENA VISUALIZACION

1. ¡Hacelo!

Es necesario que le destinemos un tiempo al arte de la visualización. Elegí un horario en el que todos los días sólo te dediques a esto, sin interrupciones. Los momentos más recomendables son los últimos minutos antes de dormir o cuando te despertás en la mañana.

Comenzá con una respiración profunda para relajarte, siempre concentrado en tu meta. Esta visión podés hacerla en primera persona, al verte lograr tu meta desde vos mismo, o en tercera persona, como si te vieras a través de una pantalla.

2. Creelo y sentilo.

Si no creés lo que estás visualizando, esto no tendrá ningún sentido. Debés convencerte de lo merecés y ya lo tenés. Al creerlo, cambia tu actitud y te abrís a atraer esas cosas hacia vos.

Para cambiar tu vida y atraer lo que merecés, necesitás dejar a un lado las creencias limitantes, todos aquellos pensamientos que te impiden creerlo.

La emoción será tu guía al momento de visualizar. Debés sentirlo. Si se siente bien lo que ves, vas por buen camino. Debés llevar la imaginación hasta donde las emociones se sientan bien y te dibujen una sonrisa en la cara.

3. Confía y esperá.

Tenés que tener la confianza y la fe de que todo lo que visualices se cumplirá. No hay lugar para las dudas ni las ansiedades respecto del resultado.

La confianza en vos y la fe en que vas a lograr todo lo que te propongas, te va a dar resultados magníficos. Por más de que todavía no la tengas, debés estar seguro de que llegará.

6.4 GENERANDO CAMBIOS

En este último capítulo profundizamos y analizamos cómo establecer la misión y visión personal, además de cómo establecer los objetivos y metas. Sin embargo, me gustaría hacer hincapié en una palabra que es muy importante para mí: se trata de ¨cambio¨. En la encuesta realizada antes de comenzar este libro, el 68,2% de la muestra respondió que no disfruta lo que hace. No podemos saber a qué se referían las personas al momento de responder, pero sí podemos decir que si hay algún aspecto de en vida que no se está disfrutando, es momento de cambiar.

El coaching aborda el cambio. Trata con objetivos vinculando nuestros sueños con la realidad. Un coach será quien te ayude y acompañe en todos estos cambios y, sobre todo, en la etapa de transición, el período más difícil que afrontamos para alcanzar nuestra meta.

Puede pasar que, al escuchar la palabra "cambio", una sensación incomoda la asocie con el "miedo". Mi mayor objetivo al escribir este libro es invitarte a que cambies; es normal que sientas miedo, todos lo sentimos, pero te aseguro que va a valer la pena.

"La vida es cuesta arriba, pero la vista es genial". Es una de mis frases favoritas porque considero que es muy real. Yo no puedo prometerte que realizar un cambio será fácil, pero sí puedo asegurarte que cuando lo logres vas a decir: ¿A esto le tenía tanto miedo?

Negar el cambio es negar la realidad; asumirlo es simplemente integrarnos a ella para ser parte de los procesos de transformación que nos afectan como individuos, familia, organización o país. Si en este momento te encontrás soportando una situación difícil en tu vida o no sabés cómo actuar, podés acudir y buscar un coach que te ayude. Probablemente descubras que estás sumergido en un círculo vicioso donde no podés ver más allá de tu problema. Un coach va a iluminarte y mostrarte los posibles caminos que tenés hacia tu objetivo.

Manuel Schneer, sociólogo y psicólogo argentino, en su libro ¨Tu eres tu propia marca¨ nos muestra la importancia del cambio y sus factores. A continuación mostraremos algunos de sus aportes:

6.4.1 ABECEDARIOS DEL CAMBIO[17]

- El cambio supone un corte. Es una transformación de cómo se venían haciendo las cosas.
- Cambiar implica modificar las reglas de juego, puede ser de manera parcial o total.
- El cambio puede ser previsible o no. Existen cambios que son sencillos de detectar y otros que son imprevistos de una manera casi absoluta.
- El cambio muestra una tendencia hacia la aceleración. Como decía el filósofo griego Heráclito de Efeso, ¨lo único que permanece es el cambio".
- Los hechos cambian más rápidamente que la psique de las personas, aumentando en alto grado las sensaciones de caos, desconcierto. Es muy grande el impacto que puede producir un cambio en las personas.
- La incertidumbre, la turbulencia y la ambigüedad forman parte del proceso actual de cambio. Debemos aprender a manejar la incertidumbre, ejercitar imaginando escenarios posibles.

6.4.2 PRINCIPIOS PARA REALZAR UN CAMBIO

- Debemos aceptar el cambio como parte de nuestras vidas. Entender que nada es estable y en cualquier momento se puede producir una modificación. La aceptación del cambio forma parte del pensamiento estratégico. Pensar estratégicamente implica a veces imaginar el futuro, tener estrategias para los momentos de cambio.

---

[17]   Schneer, Manuel: Tú eres tu propia marca. Bogotá, Colombia. Editorial Norma, S.A.; 2008.

- Los procesos de cambio pueden ser manejados. Se puede generar cambios, influir en ellos y manejar su ritmo.
- El mejor cambio es aquel que se hace en forma gradual. Permite preparar y crear las mejores condiciones para que sea asumido en forma plena y consciente.
- Prevención, búsqueda de información y participación son elementos claves para manejar el cambio. La aceptación, apertura y conocimiento aumentarán enormemente las posibilidades de éxito de los procesos de cambio.
- Debemos identificar nuestras propias dificultades y resistencias al cambio. Es fundamental aceptar esta contradicción en nosotros mismos para adquirir mayor flexibilidad en nuestro manejo del día a día.
- Interesarnos por el otro es interesarnos por nosotros mismos. En los procesos de cambio es fundamental la comunicación con el otro y la posibilidad de instaurar un clima de credibilidad.
- La motivación resulta el impulso fundamental para los procesos de cambio. Nada puede ser impuesto o forzado, ya que tarde o temprano nos aburriremos y no alcanzaremos nuestros objetivos.
- La búsqueda de nuevas satisfacciones, en planos superiores, resulta un resorte clave para el cambio. Es famosa la pirámide de Maslow, o jerarquía de las necesidades humanas. Esta teoría psicológica propuesta por *Abraham Maslow* asegura que el ser humano busca satisfacer nuevas necesidades, a medida que tiene aseguradas aquellas básicas que hacen a su subsistencia.
- La búsqueda de una identidad propia, acorde con nuestros deseos y personalidad, es un poderoso motor del cambio.

- Los logros tienden a retroalimentarse en un marco de confianza. Los fracasos aumentan la inseguridad. Las experiencias de satisfacción son reforzadas por comportamientos sucesivos. Una sucesión de fracasos causa una fisura en la confianza y la aparición de comportamientos inseguros.

6.5 APORTES

Te invito a que realices tu propio mapa de los sueños. De todas las herramientas o ejercicios que he aprendido gracias al coaching, este es el que más disfruté y el que le recomiendo realizar a todos mis afectos.

Se necesita una cartulina, o una hoja gruesa de papel, del color que más te guste. Recortá de diarios, revistas o extraé de la web todas las imágenes que representen tus sueños de la forma más específica posible.

Debés recortar o buscar todos aquellos sueños que deseás cumplir en todos los ámbitos de tu vida. ¿Qué te gustaría lograr en cuanto a tu carrera profesional? ¿Quién querés ser? ¿Querés tener una familia? ¿Un hombre o una mujer que te ame con locura? ¿Querés tener el último Ferrari que salió al mercado?

No seas humilde a la hora de buscar estas imágenes; soñá en grande. Pensá desde el corazón las cosas que realmente te harían feliz y te llenarían el alma. Teniendo en cuenta la propuesta de preguntas del párrafo anterior, quizás lo que sueñes es tener una casa muy grande, una pequeña casa en la playa o un viaje específico. Buscá recortá y pegá todo lo que se te ocurra dentro de esa cartulina. Esos son tus sueños.

Una vez que tengas todos tus sueños frente a vos, elegí los tres más importantes en este momento. Estos tres recortes serán las próximas metas en las que vas a trabajar. Colocá un post-it o cualquier papel autoadhesivo sobre la imagen y escribí la meta, siempre en infinitivo y en positivo, y cómo la vas a cumplir, con quién, cuándo. Para que sea realista, escribí el costo de llevarla a cabo.

Para finalizar hay que escribir el plan de acción para llevar a cabo cada una de estas metas. Escribí en otro adhesivo cómo deberías SER para cumplir cada una de esas metas, qué tendrás que HACER y qué lograrás TENER cuando las cumplas.

Para que quede claro el plan de acción te cuento mi experiencia: una de mis metas era "escribir mi primer libro sobre Coaching". Para lograr esta meta yo debía:

SER: dedicada, planificada, y organizada.

HACER: leer e investigar sobre el tema, escribir sin distracciones, creer que podía ser escritora.

TENER: admiración propia, felicidad y satisfacción.

Te propongo hacer este ejercicio y comprobar lo poderoso que es. Yo pude cumplir el sueño de escribir mi primer libro, algo que nunca antes me hubiese imaginado poder hacer.

Otro sueño que había recortado y puesto en la cartulina era viajar y conocer Europa. Al mes de realizar el mapa nos confirmaron una audiencia con el papa Francisco, octavo soberano de la Ciudad del Vaticano al momento de escribirse este libro, después de un año de haber solicitado la reunión. Viajé a Roma, conocí al papa, estoy terminando este libro desde Venecia y todavía me queda recorrer Paris, Barcelona y Madrid.

Soñemos en grande. Pegá tu cartulina en algún lugar de tu habitación donde puedas verla todas las noches antes de dormir y cuando te levantes por la mañana. Visualizá todo el tiempo que puedas, sentí el gozo de cumplir uno a uno estos sueños.

6.6 CONCEPTOS CLAVES DEL CAPITULO VI

- Nuestra MISIÓN es nuestro propósito de vida.
- La MISIÓN es lo que nos diferencia de las demás personas y nos hace únicos.

- VISIÓN es cómo vamos a ver que nuestra MISIÓN se está materializando.
- Toda persona tiene una vocación o MISIÓN única en la vida.
- La MISIÓN está asociada a los talentos o habilidades que traemos al nacer.
- Debemos animarnos a salir de nuestra "zona de confort".
- Los objetivos y metas son básicamente los propósitos a lograr para alcanzar aquella VISIÓN.
- Debés forjar tus propios objetivos antes de que otra persona te instale los suyos.
- Visualizar es *"ver"* en la mente aquello que se pretende conseguir.
- La visualización funciona porque la mente no reconoce la diferencia entre la realidad y la imaginación.
- Visualizá, creé lo que ves, confía y esperá.
- Los cambios nos permiten avanzar.
- El coaching aborda el cambio. Un coach es la persona ideal para acompañarte en este proceso.
- Podemos manejar los procesos de cambio.

"NO DUERMAS PARA DESCANSAR, DUERME PARA SOÑAR.

PORQUE LOS SUEÑOS ESTÁN PARA CUMPLIRSE"

(WALT DISNEY)

El coaching me enseñó a ver la vida de otra forma; a cambiar mi manera de pensar. Me ayudó a descubrir que todo es bueno, incluso lo malo, si aprendemos a cambiar nuestra visión.

Entendí que para alcanzar una meta tendremos millones de tropezones, de los cuales podemos elegir frustrarnos o tomarlos como una gran posibilidad de aprendizaje. Equivocarnos nos demuestra que somos humanos y que, a pesar de nuestras caídas, podemos alcanzar cualquier idea u objetivo que nos propongamos.

Mi libro fue mi gran meta a alcanzar. No fue fácil, tuve que luchar contra muchas creencias limitantes que me decían que yo no era capaz de hacerlo; batallé contra enojos y frustraciones. Más de una vez pensé en dejar de escribir porque no encontraba la inspiración necesaria, y era entonces cuando resurgían las creencias limitantes. Sin embargo, escribiendo esta conclusión, puedo asegurar que la sensación de lograr un objetivo me hizo sentir una gran admiración por mí misma.

Todo comienza en nuestra mente con nuestros pensamientos; debemos comenzar a escuchar nuestra voz interior y modificar los pensamientos negativos. La ayuda de un coach puede facilitar y apresurar el camino para alcanzar el éxito. Los cambios externos son temporales, lo verdaderamente real está dentro nuestro y debemos encontrarlo.

Mi mayor expectativa al escribir cada una de estas palabras es poder ayudar al menos a una persona a lograr su cambio. El sólo hecho de que, algún día, reciba una devolución favorable sobre este libro, será suficiente para sentirme realizada.

En el momento en el cual decidas ser feliz, vas a darle inicio a la verdadera magia. La felicidad está dentro de uno, no te compares con nadie. Cada persona tiene su propósito de vida, somos todos distintos. Enamorate de tu sonrisa, enamorate de tu cuerpo. Comenzá a creer que sos una persona muy valiosa; las personas más lindas son aquellas que demuestran seguridad y confianza en sí mismas.

El naturalista inglés Charles Darwin decía que "no es la especie más fuerte la que sobrevive, ni la más inteligente, sino la que responde mejor al cambio". Animate a salir de la zona de confort que te tiene atrapado hace años, buscá a un coach que te guíe y te muestre los caminos posibles. El coaching está lleno de herramientas para esto. Hay un mundo esperándote afuera, una persona que hace lo que ama es imposible que no triunfe.

Como decía Steve Jobs, empresario exitoso en el sector informático y en la industria del entretenimiento, "si tu no trabajas por tus sueños, alguien te contratara para que trabajes por los suyos". Cumplí tus sueños, debés creer que podés lograr cualquier cosa que te propongas. Nunca es tarde para fijar una meta. No busques a alguien que resuelva todos tus problemas, buscá a alguien que te acompañe a enfrentarlos.

Después de realizar la encuesta y ver las respuestas de las personas, pude observar que todos tenemos cosas que nos disgustan. Me parece importante ser objetivos para poder discernir entre lo que podemos mejorar y lo que deberíamos aceptar, admitiendo que no somos perfectos. Esto nos quitará estrés y nos brindará paz interior.

La mayoría de nosotros no nos animamos a salir de nuestra zona de confort y arriesgarnos a mejorar nuestra calidad de vida por miedo. Preferimos seguir donde estamos aunque no sea lo que habíamos soñado para nuestra vida. Los grandes cambios siempre vienen acompañados de una fuerte sacudida; no es el fin del mundo, es el comienzo de uno nuevo. Comenzá por cambiar pequeñas cosas y vas a ver los grandes resultados que sos capaz de ir produciendo.

Si el mundo entero fuera ciego ¿A CUANTAS PERSONAS IMPRESIONARÍAS? Todo lo que hagas, hacelo de la mejor manera posible, y si no querés hacerlo, delegalo. Hay que enfocarnos en lo que nos gusta hacer y en lo que disfrutamos, sin perder energía en otras cuestiones que no nos importan realmente.

"Cuando era niño mi madre me dijo: si eliges ser soldado serás general, si eliges ser sacerdote serás papa. Fui pintor, llegué a ser Picasso

BIBLIOGRAFÍA

LIBROS CONSULTADOS:

- Andrés, Verónica y Florencia: Desafiando imposibles. Buenos Aires, Argentina. Editorial Planeta; 2013.
- Andrés, Verónica y Florencia: Confianza total. 16ta edición. Buenos Aires, Argentina. Editorial Planeta; 2012.
- Casnati, Julieta. Misión y Visión Personal. Material catedrático. Coaching Psicológico Integral. Mendoza, Argentina; 2014.
- Dilts, Robert: Cómo cambiar creencias con la PNL. 2da. edición. Málaga, España. Editorial Sirio, S.A; 2000.
- Frank, Victor: El hombre en busca del sentido. Barcelona, España. Editorial Herder, S.A.; 1979.
- Fretez, Etelvina: Aislamiento vs. Coaching. Miami, USA. La Pereza Ediciones, Corp.; 2013.
- Goleman, Daniel: La inteligencia emocional. 7ma. reimpresión. México D.F. Ediciones B, S.A; 2014.
- Hicks, Esther y Jerry: La ley de la atracción. 4ta. reimpresión. Buenos Aires, Argentina. Ediciones Urano, S.A.; 2011.
- Miedaner, Talane: Coaching para el éxito. Barcelona, España. Ediciones Urano, S.A; 2012.
- O'Connor, Joseph y Lages, Andrea: Coaching con PNL. Barcelona, España. Ediciones Urano, S.A.; 2002.
- Rojas Marcos, Luis: La Autoestima. Madrid, España. Editorial Espasa Caspe S.A.; 2007.

- Ruiz, Miguel: Los cuatro acuerdos. Barcelona, España. Ediciones Urano S.A; 1998.
- Schneer, Manuel: Tú eres tu propia marca. Bogotá, Colombia. Editorial Norma, S.A.; 2008.
- Tolle, Eckhart: El poder del ahora. Bogotá, Colombia. Editorial Norma, S.A.; 2012.

E-BIBLIOGRAFIA:

- American Psychological Association: El camino a la resilencia. [acceso 10 de agosto]. Disponible en: http://www.apa.org/
- Auto Hipnosis. Superación personal. [actualizada el 15 de febrero de 2010; acceso 18 de agosto de 2015]. Disponible en: https://autohipnosismp3.wordpress.com/
- Definicion.de: Definición de crisis. [acceso 25 de julio de 2015]. Disponible en: http://definicion.de/crisis/#ixzz3i4LopLDV
- Definicion.de: Definición de juicio. [acceso 05 de agosto de 2015]. Disponible en: http://definicion.de/juicio/
- Desansiedad: Como superar las crisis emocionales. [actualizada el 18 de mayo del 2013; acceso 01 de agosto de 2015]. Disponible en: http://www.desansiedad.com/
- Evolución Humana Consciente: El metamodelo del lenguaje. [actualizada el 26 de enero del 2010; acceso 20 de julio de 2015]. Disponible en: http://www.javiermalonda.com/ehc/el-metamodelo-del-lenguaje/
- Gestalt Sin Fronteras: Autocompasión vs. Responsabilización. [actualizada el 23 de septiembre del 2012; acceso 20 de julio de 2015]. Disponible en: http://terapiagestaltsi.com/2012/09/23/autocompasion-vs-responsabilizacion/

- Psicología de la percepción visual: Las ondas cerebrales. [acceso 5 de agosto de 2015]. Disponible en: http://www.ub.edu/pa1/node/130
- Real Academia Española: rae.es; [acceso 3 de agosto de 2015]. Disponible en: http://www.rae.es/
- Sobre Coaching Ontológico: Victima vs Protagonista [actualizada el 05 de febrero del 2014; acceso 19 de julio de 2015].Disponible en: http://sobrecoachingontologico.blogspot.com.ar/2014/02/victima-vs-protagonista.html
- Transforma tu estrés: Historias de resilencia. [acceso 10 de agosto de 2015]. Disponible en: http://transformatuestres.blogspot.com.ar/
- Vida extraordinaria: La autoestima. [actualizada el 31 de julio del 2009; acceso 15 de agosto de 2015]. Disponible en: http://www.vidaextraordinaria.com/la-autoestima/

Printed in the United States
By Bookmasters